너, 내 소비자가 돼라

너,

내

소비자가

돼라

우연한 발견을
구매로 이끄는

온라인 콘텐츠
제작법

이은아 지음

위너스북
WINNER'S BOOK

통통배로 망망대해를 항해하는
전국의 스몰 브랜드들에게

"제품은 참 좋은데 어떻게 팔아야 할지 모르겠어요."

누군가 내게 스몰 브랜드와 일을 하면서 가장 많이 들었던 말을 꼽으라고 하면, 망설임 없이 이 문장을 이야기한다. 수개월간 공들여 만든 제품이 세상에 나왔는데, 막상 누구에게 어떻게 알리고 판매해야 할지 모르겠다는 고민이 담긴 말이다.

많은 사람들은 제품이 완성되면 긴 여정이 끝났다고 생각한다. 오랜 기간 기술 개발에 힘을 써 온 창업가, 자신만의 디자인을 녹여 핸드메이드 제품을 만든 공예 작가, 마진을 포기하더라도 좋은 재료를 쓰겠다는 원칙으로 활동하는 스타트업 대표. 이들처럼 제품 개발 과정의 처음과 끝을 진심을 다해 직접 이뤄낸 사람들은 제품의 탄생

뒤에 무엇이 기다리고 있는지 더더욱 예상하지 못한다.

'이제 성공하는 일만 남았어'라는 기대에 부풀어 제품 판매에 도전한 사람들은 그리 오랜 시간이 지나지 않아 한탄하게 된다. '좋은 제품이니까 고객들이 알아서 찾아 주겠지'라는 꿈 같은 기대가 정말 '꿈'에 불과하다는 사실을 깨닫는다. 기대가 큰 만큼 실망도 큰 법이다. 특히 주변에서 '이건 진짜 대박날거야' 하는 바람을 불어넣었다면 그 허탈감은 더 커진다. 첫 시제품을 주변 사람들에게 나눠 주었을 때 모두가 너무 좋다며 칭찬 일색이었는데, 막상 오픈한 스마트 스토어에서는 아무도 구매하지 않고 오히려 별로라는 후기만 달리면 정말 착잡하다.

제품의 진짜 여정은 제품을 '판매'하면서부터 시작된다. 우리가 제품을 만드는 이유는 완성품을 단지 감상하기 위해서가 아니라, 판매하기 위해서다. 제품이 완성되었다는 건, 혹은 브랜드를 만들었다는 건, 끝없이 펼쳐진 망망대해로 모험을 떠나기 위해 필요한 배가 준비되었다는 뜻이다. 좋은 제품을 만들었으니 알아서 사람들이 찾아주겠지 하고 생각하는 것은 배를 움직이지 않고 대어를 잡겠다는 것과 다름없다. 배가 준비되었다면 이제 끌고 바다로 나가야 한다. 그래야 진짜 '성공'이라는 끝에 도달할 수 있다.

글로벌 브랜드, 국내 대기업들처럼 자본의 규모가 큰 원양어선에

비하면 우리가 타고 있는 배는 작고 귀여운 통통배에 불과하다. 그리고 원양어선이 속도 면에서, 수확량 면에서 훨씬 더 유리하단 건 얄궂지만 사실이다.

하지만 그렇다고 낚시에 성공하기 위해 모두가 원양어선과 같은 방식으로 항해를 해야 하는 것은 아니다. 우리만의 방법을 찾아, 원양어선 그물에 걸리지 않는 물고기들을 잡으면 된다. 원양어선을 막연히 따라하며 한계를 느끼는 것보다, 우리가 가장 잘할 수 있는 방식대로 파도를 타고 배가 뒤집히지 않게 항해하는 것이 필요하다. 그러다 보면 언젠가는 우리 통통배 아래가 '명당'이라고 소문나는 순간이 올 것이고, 어쩌면 원양어선에만 잡히는 물고기들까지 통통배 아래로 끌어들일 수 있을 지도 모른다.

너무 희망 회로를 돌리는 것 같다고? 천만의 말씀. 다행히 소비 시장에는 통통배들을 위한 순풍이 불고 있다. '발견'이라는 순풍이다. 이 순풍을 타는 방법만 알면, 원양어선처럼 대규모 그물을 던지지 않아도 큰 수확을 거둘 수 있다.

한 브랜드의 콘텐츠 기획자로서, 발견형 소비의 메카 크라우드펀딩 플랫폼 와디즈의 콘텐츠 디렉터로서 일했던 7년의 시간 동안 통통배 위에서 비바람을 맞으며 애처롭게 바다를 바라보는 수많은 스몰 브랜드를 만나왔다. 팔로워 수가 '0'이던 브랜드의 제품을 완판시키고, 잘 팔릴까 걱정이 앞섰던 수공예 제품이 일주일 만에 억대 매출을 달성하게 만드는 여정에 함께하면서, 발견의 순풍을 타고 항해하는 방법을 배울 수 있었다. 그리고 그 여정에서 만난 동료와 선배들이 내가 바다에 가라앉지 않는 방법을 터득하도록 도와주었다. 사람의 마음을 움직이는 글을 쓰는 것이 꿈이었던 나는, 스몰 브랜드가 세상 밖으로 나올 수 있도록 그들의 이야기와 목소리를 세상에 전하는 지금의 내가 되었다.

이 책에는 레드오션의 험난한 모험을 발견이라는 순풍을 타고 '통통배의 방식으로' 항해하는 방법이 담겨 있다. 스몰 브랜드의 데뷔 무대가 될 온라인 시장에서 어떻게 존재감을 드러낼 수 있는지, 사람들의 지갑을 열게 하려면 어떤 장치들이 필요한지, 그래서 어떻게 살아남을 수 있는지. 통통배를 타고 위태롭게 항해했던 나의 경험과 다양한 브랜드의 제품을 만나며 알아낸 나만의 방식을 담아보았다.

첫 번째 파트에서는 스몰 브랜드가 자주 하는 고민들과 함께 소비자들이 어떤 순간에 지갑을 열었는지 살펴본다. 발견형 소비를 하는 사람들의 심리와 이들에게 효과적으로 다가가기 위해 어떤 준비가 필요한지 담았다. 두 번째 파트에서는 발견 장치를 심은 콘텐츠 제작법을 다룬다. 온라인 무대의 필수 콘텐츠인 상세페이지를 살펴보며 우연한 발견을 구매로 이어주는 글과 이미지 준비 방법을 알아본다. 마지막 파트에서는 내 콘텐츠를 '성공'에 최적화된 콘텐츠로 만드는 방법을 소개한다. 이어서 마케팅팀이나 디자이너 없이, 적은 예산으로 상세페이지를 만들기 위해 시도할 수 있는 다양한 방법들도 소개한다.

이 책을 읽는 모든 스몰 브랜드 종사자들이 마지막 장을 넘기며 '나도 해볼 만하겠는데?' 라는 생각을 가지게 하는 것이 이 책의 목표이다. 제품은 나왔는데 아무도 도와주지 않고, 어디서부터 시작해야 할지 몰라 막막했던 과거의 나와 닮은 누군가의 날들에 이 책이 작은 위로와 도움이 되기를 바란다.

너, 내 소비자가 돼라

Q 나는 발견 전략이 필요한 브랜드일까?

☐ 만드는 건 자신있는데 판매, 영업, 마케팅에는 자신이 없다

☐ 진짜 좋은 제품인데 사람들이 잘 몰라봐서 속상하다

☐ 자사몰도 론칭하고 유명 플랫폼에도 입점해서 팔릴 줄 알았는데 여전히 안 팔린다

☐ 정말 좋은 성분만 가득 넣어 만든 제품에 비싸다는 댓글만 달려 고민이다

☐ 온라인 판매를 시작하고 싶은데 혼자 상세페이지 만드는 것이 어렵다

☐ 마케팅, 브랜딩은 돈 많은 대기업만 잘하는 것 같아 힘 빠진다

☐ 기성제품을 단순 유통하는 것이 아닌, 내 브랜드를 운영하며 내 제품을 판매해 보려 한다

Contents

Part 01 발견하는 사람들   ●

01 내 제품은 왜 팔리지 않을까

02 발견의 시대로

Part 02 발견되는 콘텐츠

Part 03 제품이 팔리는 순간

PART

01

발견하는 사람들

01 내 제품은
왜
팔리지
않을까

소비자를 찾습니다

우리는 모두 365일, 24시간을 소비하면서 산다. 당장 주변을 둘러보아도 소비자로서 구매하지 않고 자급자족으로 만들어 사용하고 있는 제품은 거의 없을 것이다. 소비는 참 쉽다. 온라인 쇼핑이 소비 세상의 지각 변동을 만든 이후부터는 더 쉬워졌다. 필요한 물건이 있을 때 우리가 해야 할 일은, 단지 손가락을 몇 번 움직이는 것뿐이다.

하지만 제품을 파는 입장이 되어 보면 '쉽게 구매한다'는 말이 다른 세계의 이야기처럼 들리기 시작한다. 너무 많이 사서 문제였던 소비자들은 온데간데없이 보이지 않는다. 내가 살 때는 분명 쉬웠던 것 같은데, 남들의 지갑을 여는 일은 너무나도 어렵다. 이 세상 모두가 소비자인데도 이상하게 내 제품의 소비자가 되어줄 사람은 좀처럼 만나기 힘들다. 전 세계 인구가 80억을 향해 달려가는 시대에도 기업들은 고객이 없어서 늘 고민한다.

공급보다 수요가 많았던 시절에는 물건을 파는 일이 어렵지 않았다. 사람들은 자신이 만들지 못하는 상품이나 서비스를 구입해 사용했다. 칫솔이 필요하면 가게에서 칫솔을 구매하면 되었고, 칫솔을 만드는 브랜드도 딱 한 곳이었다. 모두가 같은 칫솔을 썼다. 하지만 지금은 상황이 많이 달라졌다. 문명이 탄생한 이래 가장 다양한, 가장 많은 제품이 생산되는 21세기에 들어서면서 수요도 공급도 폭포처럼 쏟아지기 시작했다. 네이버 쇼핑에만 칫솔이라는 키워드로 검색하면 무려 260만 개 이상의 상품이 나온다. 말 그대로 대량 생산, 대량 소비의 시대이다.

그렇게 경쟁이 치열해졌다. 게다가 코로나19와 함께 더 폭발적으로 성장한 온라인 시장은 소비자들을 더 높은 공급의 파도 속으로 빨려 들어가게 만들었다. 가만히 있어도 고객이 끊이지 않았던 칫솔 판매자는 이제 260만 개 중 자신의 제품이 선택 받기 위해 노력해야 한다. 눈에 더 잘 띄게 포장지도 바꿔 보고, 취향에 따라 고를 수 있게 여러 종류를 출시하고, 경쟁사보다 저렴한 가격에 팔기 위해 할인도 해야 한다. 사람들이 내 브랜드를 인지할 수 있도록 광고도 만들어야 한다. 예전에는 칫솔만 잘 만들면 됐는데, 노력해야 하는 부분이 늘어난 것이다.

온라인 판매 페이지를 올려 놓았다고, 혹은 쿠팡 같은 오픈마켓에 제품을 입점시켰다고 끝이 아니다. 그곳을 찾는 사람들이 내 제품을 선택할 수 있도록 신호를 보내주어야 한다. 어떤 제품인지, 왜 필요한지 치열하게 말을 걸고 설득해야 한다.

이 신호는 광고라는 방식으로 전송된다. SNS 게시물이 될 수도 있고, 온라인 사이트의 상세페이지가 될 수도 있고, 카카오톡 메시지 한 줄이 될 수도 있다. 이처럼 지나가던 사람이 발길을 멈추고 내 고객이 될 수 있도록 만드는 광고의 공간은 중요하다. 소비자가 발길을 멈추고 제품에 주목할, 궁극적으로는 지갑을 열고 결제하는 순간을 만들어 줄 공간 말이다. 그리고 사람들이 구매라는 결정을 내릴 수 있도록 그 공간 안에 많은 장치들을 마련해야 한다.

한때는(물론 지금도) 최대한 많은 사람들에게 광고하는 것이 이 신호의 전부라고 여겨졌다. 유동인구가 많은 거리에 노출하고, 유명 연예인을 모델로 써서 최대한 많은 사람의 눈에 들어 일단 끌어들이는 식이다. 비용을 쓰면 쓸수록, 브랜드 입지와 매출도 성장했다.

광고와 마케팅이 중요한 건 사실이다. 노출이 많이 될수록 인지도도 올라가고, 더 많은 사람들을 끌어들일 수 있다. 멋진 디자인과 인지도 있는 연예인이 주는 파워도 무시할 수 없다. 하지만 이렇게 비용을 쏟아부어 만든 광고가 사람들의 마음을 사로잡아 구매하게 만드는 것은 또 다른 이야기이다. 광고를 통해 아무리 많은 사람들이 내 제품을 봤어도, 아무도 구매하지 않는다면 그 광고는 실패한 광고가 된다.

여전히 많은 사람들은 공급 과잉 속에서의 유일한 돌파구가 최대한 많은 사람들에게 광고하는 것이라고 생각한다. 특히 매출이 부진한 브랜드일수록 사람들을 끌어들이는 일에만 관심을 가지게 된다. 하지만 광고는 '노출'에서 '전환'으로 진화하고 있다. 중요한 건 얼마나 많은 사람들을 끌어들이느냐가 아니라, 끌어들인 공간에서 구매로 '전환'시킬 수 있는 효과적인 장치가 있느냐에 달렸다. 이제는 디자인이 멋있다거나 사람이 많은 곳에 노출된다는 이유만으로 팔리지 않는다. 아무리 비싸게 만들었어도 "뭐야 또 광고네" 하고 0.2초만에 반사적으로 스킵 당하면 아무 소용이 없다. 적은 사람에게 노출되더라도, 구매를 유혹하는 효과가 확실한 콘텐츠가 필요하다.

사람들이 내 고객으로 전환되는 공간을 제대로 갖추지 않고 광고 마케팅에 돈부터 쓰는 것은 밑 빠진 독에 물을 붓는 것과 다름이 없다. 게다가 천문학적인 비용을 지출하며 광고를 뿌릴 수 없는 스몰 브랜드에게는 비용을 들이지 않고(혹은 적은 비용으로) 고쳐볼 수 있는 공간을 뚝딱뚝딱 고쳐 나가는 것이 더 합리적이다. 한정된 예산으로 활동하는 스몰 브랜드에게는 물량 공세보다 효율성이 더 중요하다.

온라인 상세페이지가 될 수도 있고, 블로그 콘텐츠, 혹은 가게 앞에 걸어 놓은 작은 포스터가 될 수도 있다. 그 종류나 규모가 무엇이 되었든, 팔리는 장치들로 공간을 채워 놓아야 고객을 만들 수 있다. 단순히 예쁘거나 자극적인 장치가 필요한 게 아니다. 우리에게는 '우연한 발견을 구매로 이끄는' 콘텐츠, 즉 잘 팔기 위한 장치가 필요하다.

그 공간에 장치를 어떻게 만드는지는 지금부터 함께 알아가 보자.

최저가가
안 통하기 시작했다

"최고급 원목에, 목공 장인이 하나하나 손으로 깎아 만든 소품이라 12만 원이에요. 좀 비싸죠. 시중에 비슷한 제품들 1~2만 원이면 사는데 사람들이 이걸 살지 모르겠네요. 가치를 알아보는 사람들은 비싸다고 안 하실 텐데…."

제품에 들어간 시간과 기술 때문에 높은 가격대로 온라인 판매를 시작하려는 스몰 브랜드 대표님의 고민이었다. 가격이 비싼 건 어쩔 수 없지만, 그동안 접해왔던 비슷한 제품들과 너무 큰 가격 차이가 나면 사람들이 구매하지 않을 것 같아 걱정인 것이다. 필요하면 손해를 감수하고 할인해야 하나 고민하다가도, 가격을 더 낮출 바에는 차라리 온라인에서 판매하지 않는 것이 더 낫겠다는 생각도 든다고 했다.

이런 고민을 들으면 나는 항상 이렇게 대답한다. 단지 시중 제품과 가격을 맞추기 위한 할인은 필요 없다고. 이 제품에 지불할 가격으로 12만 원이 비싸다고 생각했던 사람들은 6만 원도, 3만 원도 비싸다고 할 것이다. 그리고는 계속해서 더 싼 제품과 비교해서 '비싸서 안 사요'라는 대답을 할 것이다. 시중 제품들과 가격으로 싸워서 이길 정도의 금액이 아니라면 애초에 가격을 무기로 삼는 것은 포기하는 것이 맞다. 대신 이 제품의 가치를 12만 원 이상으로 느끼도록 소개하고, 그 가격에 구입할 사람들을 찾아 판매하면 된다. 가격을 깎는 것이 항상 정답은 아니다. 실제로 12만 원짜리 목공 소품도 가격을 내리지 않고 1억이 넘는 매출을 만들었다. 비싸서 아무도 안 살 것 같다는 걱정은 괜한 걱정이었던 셈이다.

저렴한 가격과 혜택을 강조하는 전략이 제품의 홍수 속에서 소비자의 심리를 흔들어 지갑을 열게 하는 것은 사실이다. 실제로 여전히 많은 곳에서 사용 중이기도 하다. 제품이 잘 팔리지 않을 때 '파격가', '몇% 할인'이라는 말로 가격을 전면에 내세우거나, 1+1 증정, 혹은 제품보다 더 비싼 상품을 증정하는 식이다.

이처럼 가격과 혜택을 강조한 판매는 소비자를 공략하기가 쉽다. 요즘 같은 불황에는 더더욱 그렇다. 동일한 브랜드의 동일한 제품이 다른 가격에 판매되고 있다면 대부분 더 저렴한 제품을 선택한다. 같은 정품 삼성 키보드가 각각 1만 원, 5만 원에 판매되고 있다면 당연히 1만 원짜리 제품을 선택하게 되는 것이다.

이 때문에 파격 할인은 마치 판매의 '치트키'처럼 사용되어 왔다. 특히 소비자가 선택할 수 있는 브랜드가 한정적이던 때는 저렴한 가격이 구매를 결정하는 요소였다. 하지만 이제는 제품과 브랜드의 다양화로 가격 외에도 많은 것들이 구매 결정에 영향을 주고 있다. 만약 두 개의 다른 브랜드에서 1만 원, 5만 원짜리 키보드를 판매하고 있다면 어떨까? 무조건 저렴하다고 제품을 구매하지는 않을 것이다. 상세페이지를 읽어보고, 다른 사람들의 후기를 검색하기도 하면서 더 낫다고 생각하는 제품을 고를 것이다. 가격이 전부가 아니기 때문이다.

최저가의 시대는 저물고 있다. 더 정확하게는 저렴한 가격에 의존한 판매 전략의 시대가 저물고 있다. 이러한 판매 전략은 더이상 판매자와 소비자 두 입장 모두에서 지속가능한 전략이 아니다.

가격 장벽이 단단하고 군세어 보이지만, 사실 제품이 나에게 가져다 줄 이득이 더 크다면 굉장히 쉽게 무너지는 장벽 중 하나다. 고객들은 단순히 필요한 물건이 아닌 '갖고 싶은 물건'은 어떻게든 합리화해서 구매한다. 이성보다 감성이 앞서는 순간, 블록을 잘못 건드린 젠가처럼 와르르 무너지는 것이 우리 마음 속 장벽이다.

게다가 요즘 소비자들, 굉장히 똑똑하다. 근거 없이 마냥 싼 물건은 의심하기도 한다. '○○사이트랑 가격이 많이 다른데 왜 그런가요'라는 문의도 왕왕 볼 수 있다. 가격을 근거로 제품의 질을 추론하는 것이다.

즉, 제품의 다른 강점이 아니라 저렴한 가격만을 강조하면 제작 과정과 품질에 대한 신뢰를 떨어뜨리는 역효과를 가져온다. 특정 브랜드에서 지나치게 파격 할인을 강조하면 이게 진짜 합리적인 건지, 아니면 판매자가 말만 이렇게 하고 사실 엄청난 마진을 남기는 상술이었던 건지 의심하게 된다.

그래서 소비자들이 최저가를 기피하는 현상도 일어난다. 마케팅 강의에서 자주 나오는 '두 번째로 저렴한 와인' 사례가 대표적이다. 레스토랑에서 와인을 판매할 때 가장 저렴하거나 가장 비싼 와인이 제일 잘 팔리는 것이 아니라, 두 번째로 저렴한 와인이 잘 팔린다는 것이다. 두 번째로 저렴한 와인을 선택한 고객들은 최저가의 저급 와인은 아니지만, 나름 합리적인 가격의 와인을 마신다는 상대적 만족감을 느낀다고 한다. 실제로 와인과 같이 심리적 만족감이 구매에 영향을 주는 제품군에서는 최저가가 더욱 선택받지 못한다.

가격 경쟁은 판매자 입장에서도 상처만 가져다 주는 전략이다. 기본적으로 출혈 경쟁이기 때문이다. 한 번 가격으로 어필하기 시작하면, 가격을 자꾸 내려야만 고객이 모이는 현상이 반복된다. 그러나 낮출 수 있는 단가의 물리적 한계도 존재해서 지속가능하지 않다. 해외 공장에서 저렴한 단가로 대량 생산된 제품들, 자체 제조 시설을 갖추고 규모의 경제를 만드는 대기업을 상대로 쉽게 이길 수도 없다. 그럼에도 자꾸 싼 가격을 좇다 보면 제품 퀄리티조차 포기해야 하는 순간을 만나게 될 것이다. 싼 가격에 맞추려고 싼 원재료를 찾게 되는 탓이다.

가격으로 끌어들인 고객은 가격으로 잃는다. 그들은 더 싼 제품이 나타나면 언제든 갈아탈 준비가 되어있기 때문이다. 그래서 할인을 강조한 콘텐츠는 쉽지만 오래 갈 수 없다. 크게 적혀진 할인율, 전광판처럼 반짝이는 할인 딱지 등으로 시선을 반짝 모을 순 있지만 그뿐이다. 사람이 꾸준히 몰리게 만들거나, 떠난 사람들이 내 제품을 기억하고 돌아오게 만드는 힘은 부족한 것이다.

게다가 반복적인 세일은 브랜드 이미지에도 영향을 미친다. 온라인 쇼핑몰에서 내 제품이 가장 저렴하게 노출되고, 상세페이지에는 온통 할인에 대한 이야기밖에 없을 때 소비자들이 어떤 인상을 받게 될지 돌아볼 필요가 있다.

일부 명품 럭셔리 브랜드들이 세일을 하지 않고 남는 재고를 불태워 버리기까지 하며 가격을 유지하는 이유도 바로 브랜드 이미지 때문이다. 꼭 고가 브랜드가 아니더라도 잦은 세일을 하는 상품은 고객들이 신뢰를 잃게 하는 요인이 될 수 있다. 분명 50% 할인 한다고 해서 샀는데 얼마 지나지 않아 더 큰 폭의 할인을 하면, 먼저 구매한 사람들은 상대적으로 손해봤다는 생각을 가지게 된다. 잦은 할인이 이어지다 보면 사람들은 지금 당장 사지 않고 조만간 할인 받아서 사야겠다는 생각에 구매를 미루게 될 수도 있다. 게다가 할인 기간이 길어지면 사람들의 머릿속에 '할인가가 정가'라는 인식이 남게 되고, 나중에 정가를 마주했을 때 오히려 비싸다는 생각을 하게 된다.

한 번의 액션으로 눈앞의 매출 부진을 해결하고, 대표님 어깨의 짐을 덜어주는 솔루션이 필요해 할인 전략에 손을 뻗어야 하는 상황은 분명 있을 것이다. 가격을 내리는 것으로 잠재 소비자의 구매 동기를 강화시킬 수 있기 때문이다. 하지만 스몰 브랜드에게 지속 가능한 솔루션은 아니라는 점을 꼭 기억해야 한다.

할인율을 아무리 강조해도 판매가 저조하고 제품을 팔면 팔수록

너, 내 소비자가 돼라

이익보단 손해가 나는 것 같다면, 할인해야 팔린다는 오해를 하고 있진 않은지 뒤돌아 보기를 바란다. 매번 '우리가 대기업도 아닌데 너무 비싸서 안 사는 걸까?', '경쟁업체 B사보다는 가격을 내려야 하는 것일까?'라는 고민이 반복된다면, 지금부터라도 가격이 아닌 다른 가치를 개발하고 어필하는 것이 필요하다.

제품을 처음부터 다시 개발하자는 것이 아니다. 제품을 통해 경쟁사나 대기업에서 할 수 없는 이야기, 나만이 전달할 수 있는 가치를 찾아 소비자에게 전달하자는 것이다. 그 가치에 공감하는 사람들은 우리 제품이 경쟁사 제품보다 더 비싸도 분명 지갑을 열어 줄 것이다. 12만 원짜리 목공 소품이 팔렸듯 말이다.

프리미엄 소재로 만든 내 제품이
팔리지 않았던 이유

남들이 잘 쓰지 않는 특별한 소재를 사용해 제작 단가가 올랐다거나 핸드메이드 제품이라 대량 생산이 어려워 객단가가 높다면, 판매를 결심한 시점부터 최저가보다는 '고급화' 노선을 택하는 경우가 많다.

한 예로 쾌적함에 특화된 프리미엄 원단으로 제작된 기능성 속옷 제품이 있다고 해보자. 소재의 특수성 때문에 시중 속옷 대비 비싼

편에 속하는 이 제품을 소개하기 위해서는 당연히 소재 이야기가 필요하다. 그러나 새로운 소재의 장점을 보여주기 위해 홍보 페이지를 프리미엄 소재 이야기로만 가득 채워 온라인 시장에 진출한다면 결과는 참담할 것이다. 크게 이 세 가지 실수 때문이다.

첫 번째, 프리미엄 소재에 집중한 상세페이지는 판매자만 중요하게 생각하는 정보 중심으로 흘러간다. 판매자 입장에서는 '내가 정성을 쏟은 부분'이 중요하다. 다른 제품보다 왜 5,000원 더 비싸게 팔아야 하는지 설명할 수 있는 사실들 말이다. 그래서 제품을 소개하는 상세페이지에는 이런 내용을 우선적으로 담게 된다.

- 소재의 희소성과 특별함
- 원재료의 기능과 효능
- 까다로운 제작 과정
- 특허 내용, 제품 수상 경력, 전시 · 박람회 출전 이력

여기서 주어는 '제품'이고 주인공도 '제품'이다.

문제는 판매자가 중요하게 생각하는 정보와 소비자가 중요하게 생각하는 정보가 다르다는 데서 시작된다. 소비자들은 어떤 원단으로 제작되었는지보다 '바지 입었을 때 비치지 않는지' 혹은 '얼마나 땀이 안 차는지'를 알고 싶어 한다. 그런데 듣고 싶은 내용에 대한 답

너, 내 소비자가 돼라

은 보이지 않고, 관심 없는 다른 이야기만 나오니 흥미를 잃는 것이다. 내가 궁금했던 내용도 아닌데 장황하게 설명부터 하면 빠르게 자리를 피하고 싶기 마련이다.

모임 자리에서 본인 이야기, 본인 자랑만 늘어놓는 사람 때문에 피곤하고 지루했던 경험이 누구나 한 번쯤 있을 것이다. 심지어 친하지도 않은 사람이, 내가 궁금하지도 않은 본인 이야기를 몇 시간씩 일방적으로 떠들면 썩 유쾌하지 않다. '뭐지, 자랑하는 건가?' 싶은 생각도 든다. 그 사람이 이야기하는 내용이 분명 그 사람의 강점은 맞지만, 정보를 제공하는 순서가 너무 이르면 오히려 반감이 생기기 마련이다.

상세페이지도 마찬가지다. 상세페이지에 들어온 소비자와 그 어떤 관계도 맺기 전에, 제품이 얼마나 잘 났는지 자기 이야기만 줄줄하는 상세페이지는 그저 제품 자랑이 되어버린다. 소비자들도 자기 자랑만 잔뜩 늘어놓는 상세페이지를 피곤해한다. 사회에서도 견디기 힘든 자랑을, 내가 즐겁자고 둘러보는 콘텐츠에서까지 견디고 싶어하는 소비자는 없을 것이다. 호감도가 전혀 없는 상태에서 하는 자랑은 소음이며, 귀찮은 광고일 뿐이다.

두 번째, 프리미엄 소재가 왜 필요한지 소비자를 설득하지 못한다. 나는 단 한 번도 강아지 관절에 도움이 되는 사료를 구매해 본적이 없다. 우연히 SNS 광고를 보거나, 귀여운 강아지 사진에 이끌려 상세페이지를 구경하게 된다 해도 자세히 읽지는 않는다. 이유는 간단하다. 반려동물을 키우지 않기 때문이다. 사료가 필요하지 않기 때문에 관심도 없고 구매 의사도 없다. 아무리 좋은 사료가 새로 나왔다 해도 말이다.

좋은 제품과 필요한 제품은 엄연히 다르다. 아무리 좋은 제품이어도 나에게 필요하지 않으면, 나와 관련이 없으면 구매하지 않을 테니 말이다. 상세페이지를 본 소비자가 첫눈에 '나에게 필요 없다'고 느끼면 구매는 이루어지지 않는다.

프리미엄 소재를 강조하고 싶었던 나머지 '여성 속옷'이라는 단어 앞에 '텐셀 원단 여성 속옷'이라는 수식어가 먼저 붙어 등장하는 상세페이지를 만들었다면 이런 일이 생긴다. 만약 '텐셀'이 무엇인지 모르는 사람이 우연히 이 상세페이지를 발견했다면, 마치 내가 강아지 사료 상세페이지를 보듯 이 상세페이지를 인식할 것이다. 그리고는 좋아 보이지만 나에게 굳이 필요해 보이지는 않는 제품으로 인식하고 빠르게 뒤로가기를 누를 것이다. 원단의 기능성인 '쾌적한 착용감'이 필요한 사람조차도, 낯선 단어에 연결점을 찾지 못하고 이탈하게 된다.

세 번째, 읽기도 이해하기도 어렵다. 소재 중심으로 제품을 소개

| 그림 1. 상세페이지 문구 비교 |

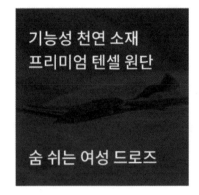

A콘텐츠   B콘텐츠

하다 보면 일반인들에게는 익숙하지 않은 단어들을 사용하게 된다. 차별점이라고 생각되는 제품의 성분과 원리를 설명하기 위해서는 나도 모르게 전공 서적이나 화학 교과서에 나올 법한 업계 용어나 영어, 일본어 등의 외국어를 써야 하기 때문이다. 제품의 장점을 강조하기 위해 학습시켜야 하는 내용이 너무 많아지기도 한다. 이게 뭐고, 어떤 원리이고, 그게 왜 좋은지 순서대로 소개하다 보면 서론이 너무 길어지게 된다.

요즘 소비자들이 똑똑해서 여러가지 정보를 꼼꼼히 살피고 구매하는 것은 맞지만, 그렇다고 모든 물건을 살 때마다 머리 아프게 공부하려는 사람은 많지 않다. 우리 뇌는 어려운 정보를 무척이나 싫어한다. 실제로 '인지 과부화'라는 뇌과학 연구에서 복잡한 메시지는 뇌의 '고통' 영역을 활성화하고, 간단한 메시지는 '보상'의 영역을 활성화한다는 연구 결과를 내놓기도 했다. 그리고 이는 긴 글을 집중해서 읽지 않으려는 무의식적인 행동으로 나타난다. "부드러운 빵 사이에 있으면서 토마토와 샐러드로 장식된 다진 쇠고기에 돈을 쓰세요!"라는 문구보다 "햄버거 사세요!"라는 간단명료한 문구를 우리 뇌는 더 좋아한다.[1]

사람의 뇌는 나와 무관한 정보의 단순 나열을 그다지 좋아하지 않는다. 학창시절 우리가 교과서나 영단어 암기장만 펼치면 잠이 왔던 것과 비슷한 이유이다. 어떤 연관성도 없는 정보를 일방적으로 전달하기만 하면 소비자는 듣지 않고 읽지 않는다.

물론 전문 용어의 사용과 상세한 설명이 무조건 잘못됐다는 것은 아니다. 제품 제작자 입장에서는 이 모든 것이 제품의 스펙이고, 설명하지 않으면 고객들이 제품의 장점을 알 수 없기도 하다. 어떤 성분이나 원리가 제품을 특별하게 만드는 핵심 요소라면, 상세페이지에 반드시 언급하는 게 맞다. 하지만 그 내용이 결코 어려워서는 안 된다는 것이다.

같은 제품이라도 표현하는 방법에 따라 관심이 안 가는 제품이

---

1 『뇌, 욕망의 비밀을 풀다』, 한스-게오르크 호이젤, 비즈니스북스, 2019

너, 내 소비자가 돼라

되기도, 내게 필요한 제품이 되기도 한다. 프리미엄 소재로 만든 제품이 생각보다 큰 호응을 얻고 있지 않다면, 내 콘텐츠가 앞서 말한 실수를 하고 있진 않은지 점검해 보기 바란다. 제품의 장점을 설명하기 위해 활용했던 정보들이 소비자와 제품 사이에서 장벽을 쌓고 있다면, 이 지점부터 수리해 나가면 된다. 내 콘텐츠를 잘 팔리는 콘텐츠로 만드는 첫걸음은 여기서 시작될 것이다.

02 발견의 시대로

검색되는 제품 vs 발견되는 제품

　　　　　　　　　첫 번째 챕터를 읽으면서 최저가가 안 통하고, 프리미엄 소재를 앞세워 어필하면 안 팔린다는 말에 동의하지 않는 사람들이 있을 것이다. 그랬다면 아주 높은 확률로 '검색형 소비'를 떠올리며 책장을 넘겼기 때문일 것이다.

　　　검색과 발견. 소비자들이 제품 구매를 하게 되는 경로는 크게 이 두 가지로 나눌 수 있다. 먼저 검색형 소비는 구매를 목적으로 검색해서 구매하는 행위를 말한다. 집에서 사용하던 화장지가 다 떨어져서 주문을 하거나 연예인이 착용한 운동화를 따라 구매하고 싶어서 쇼핑 앱을 켜는 식의 검색형 소비는 목적성이 뚜렷하다. 그렇기 때

너, 내 소비자가 돼라

| 그림 2. 검색형 소비 행동 패턴 |

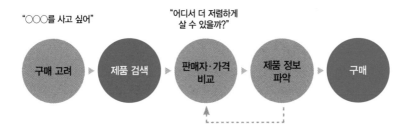

문에 목적형 소비라고도 불린다. 그리고 일반적으로 위 도표와 같은 패턴을 보인다.

예를 들어 A씨는 캠핑갈 때 편하게 앉기 위해, 그리고 이동할 때 가볍기 위해서 경량성으로 유명한 ○○사의 캠핑용 의자를 사고 싶어한다. 디자인이 마음에 들기도 했다. 그렇다면 이제 구매를 위해 '브랜드 명 + 캠핑 의자' 라는 키워드를 검색할 것이다. 그리고 구매 결과로 노출되는 100여개의 상품 목록 중, 가장 저렴한 가격으로 구매할 수 있는 사이트를 3~4곳 눌러본다. 가격은 저렴한데 판매 후기가 '0' 건이거나, 배송에 불만이 있는 후기가 달린 사이트는 빠르게 종료하면서 최종 구매 사이트를 결정한다. 이미 제품의 스펙에 대해 어느 정도 알고 있는 A씨는 원하는 제품이 맞는지 확인하는 용도로만 상세페이지를 훑어본 후 빠르게 구매 버튼을 누르게 된다.

검색형 소비자는 본인이 무슨 제품을 장바구니에 넣고 싶은지 정확하게 알고 있다. 특정 제품을 구매할 목적이 명확한 만큼 기본적인 가격대나 품질도 인지하고 있다. 그렇기 때문에 이미 알고 있는 정보를 다시 소개하거나, 이 제품을 구매해야 할 이유, 필요한 이유를 다시 만들어주지 않아도 크게 문제되지 않는다. 이미 구매하기로 마음 먹은 사람들이기 때문이다.

대신 이들은 어디서 구매하는 것이 가장 합리적일지 빠르게 알고 싶어한다. 그래서 높은 할인 혜택이나 쿠폰이 있는지, 배송이 빠른지 등을 위주로 살펴본다. 원래 사려던 제품인데 1+1이라고 하면 그 판매자의 상품을 선택할 수도 있는 것이다. 그렇기에 최저가 전략은 검색형 소비에서 빛을 발한다.

검색형 소비자들은 구매 실패 리스크가 낮은, 가장 믿을 만한 판매자가 누구인지도 궁금해 한다. 그래서 검색형 소비자가 많은 제품의 상세페이지에는 정품 인증 여부, 꼼꼼한 배송이나 검수에 관한 내용 등이 상세페이지 상단에 크게 들어간다. 배송이나 품질, CS를 칭찬하는 고객 후기들도 도움이 될 수 있다. 얼마나 믿을 만한 곳인지 어필하는 데 도움이 되기 때문이다.

계획적으로 결정되는 구매가 있는 반면, 목적이나 계획 없이 결정되는 구매도 있다. 우연히 SNS 광고를 보고 판매 페이지에 들어왔거나, 명확한 구매 목적 없이 관심 있는 브랜드를 둘러보다가 발생하는 소비 패턴을 '발견형 소비'라고 한다. 눌러 본 제품 중 마음에 드는 것이 있으면 장바구니에 담거나 링크를 친구에게 공유하고, 그러다 계획에 없던 제품을 구매하기도 한다. 발견형 소비는 능동적인 탐색을 통해 제품을 구매한다는 의미에서 탐색형 소비라고도 불린다.

발견형 소비자는 무엇을 사려고 가게에 들어온 것이 아니라, 그냥 여가시간에 들어온 사람들이다. 그래서 기본적으로 검색형 소비보다 긴 여정을 가진다. 새로운 정보를 인지함으로써 제품을 '발견'해야 하고, 콘텐츠를 읽어보며 제품의 구매 이유 또한 '발견'해야 한다. 한 여정에 두 번 이상의 발견이 필요한 셈이다. 발견형 소비자의 눈에 흥미로운 제품이 들어왔어도 꼭 사야하는 이유를 발견하지 못하면 구매하지 않는다. 페이지를 이탈해서 다시 사이트를 돌아다니고, 눈길 가는 제품이 있으면 이 과정을 반복한다.

두 소비 패턴의 여정이 다른 만큼 발견형 소비자는 검색형 소비자와 다른 접근 방식이 필요하다. 애초에 목적이 다르기 때문에 눈길을 끄는 방법도, 제품의 매력을 어필하는 방법도, 구매에 확신을 심어주는 방법도 다르다. 발견형 소비는 검색형보다 어쩌면 더 까다롭다. 두 번의 발견을 만들기 위해, 구매 계획이 없던 소비자의 마음을 움직이기 위해 보다 더 전략적으로 접근해야 한다.

발견형 소비자들도 합리적인 소비를 원한다. 단, 이들에게 합리

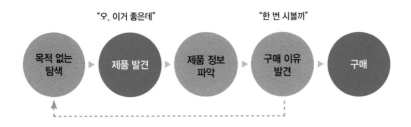

| 그림 3. 발견형 소비 행동 패턴 |

"오, 이거 좋은데"　　　　　　"한 번 시불까"

목적 없는 탐색 ▶ 제품 발견 ▶ 제품 정보 파악 ▶ 구매 이유 발견 ▶ 구매

적 소비란 저렴한 제품을 사는 것보다는 구매할 이유가 있는 제품을 사는 것이다. 그래서 할인 쿠폰을 어필하기 전에 왜 이 제품이 필요한지를 설득할 수 있어야 한다.

발견형 소비에서 최저가를 강조한 콘텐츠가 비교적 통하지 않는 이유도 여기에 있다. 할인 혜택이나 쿠폰 이야기로 구매를 촉진할 수는 있을 것이다. 하지만 첫눈에 나와 관련되었다고 느껴야 관심을 가지고(인지), 관심이 생겨야 읽어보고(유입), 읽어봐야 구매(전환)한다.

발견형 소비를 성공적으로 만들기 위해서는 '내가 누구에게 발견당하고 싶은지' 명확하게 아는 것이 중요하다. 불특정 다수를 대상으로 던지는 소음이 아닌, 단 한 사람에게 던지는 목소리가 필요하기 때문이다. 길 한복판에서 누군가 큰 소리로 "저기요"라고 했다면 그가 나를 부르는지 아니면 내 옆에 걸어가는 다른 행인을 부르는지 알 수 없다. 대부분의 경우 뒤돌아보지 않고 그냥 걸어갈 것이다. 하

지만 '거기 노란색 티셔츠 입으신 여성분!'이라고 하거나 내 이름을 부른다면 다르다. 나를 부르는 목소리라고 인지하는 순간 우리는 빠르게 뒤를 돌아본다. 그리고 나를 부르는 소리의 근원지를 발견하게 된다. 발견형 소비도 마찬가지이다. 소비를 일으키려면 누구를 부를지, 누구에게 발견 당할지를 먼저 정하고 대상을 좁혀야 한다.

소비 계획이 없는 사람을 불러 시선을 확보했다면, 구매를 설득하는 콘텐츠가 필요하다. 이 제품이 왜 필요한지, 구매하면 뭐가 좋은지, 다른 제품이 아닌 이 제품을 구매해야 하는 이유가 무엇인지 전달해야 하기 때문이다. 때로는 구구절절하게 느껴질 수 있는 설명을 더해서라도 말이다. 여기서도 막연하게 남녀노소에게 다 좋은 제품이 아니라, 딱 나 같은 사람에게 꼭 필요한 제품으로 보여야 성공이다. 설득이 어느 정도 완료된 이후에 구매를 촉진할 플러스 알파, 가격 혜택이나 사은품 등을 제시해야 비로소 구매라는 관문을 넘을 수 있다.

얼핏 보면 검색형 소비를 유도하는 것이 더 쉬워 보일 것이다. 하지만 대량 생산, 대량 소비의 시대에 사람들이 내 제품을 정확하게 알고 검색하는 시점까지 가려면 수많은 발견이 먼저 필요하다는 사실을 알아야 한다.

같은 신발이어도 브랜드와 모델명을 정확히 입력하고 검색해서 구매하면 검색형이 되지만, '입문용 등산화'라고 검색해서 이것저것 비교하면서 쇼핑한다면 발견형에 가깝다. 사람들이 검색해서 찾아올 만한 유명 브랜드가 아니거나, 검색한 키워드의 검색 결과의 5페이지 정도에나 노출된다면 검색형이 아니라 발견형 소비를 기대해 보는 것이 좋다. 이제 막 세상에 태어난 스몰 브랜드의 여정은 우연한 발견에서부터 시작된다.

발견의 시작, '말 걸기'

스몰 브랜드들이 참여하는 박람회나 페어에 방문해서 부스를 구경하다 보면 새로운 제품들을 많이 만나게 된다. 제품도 흥미롭고 대표님의 설명도 재밌어서 이야기를 듣다 보면, 어느새 양손 가득 쇼핑백이 들려 있는 내 모습을 보게 된다. 제품들이 발견되는 데에 성공한 것이다.

그런데 이때 관심 있게 본 브랜드를 더 알아보려고 온라인 사이트에 들어가 보면 완전 다른 제품처럼 보이는 경우가 많다. 부스에서 대표님이 열정적으로 설명해 주던 제품은 온데간데없고, 전부 비슷하게 대량으로 찍어낸 공산품 정도로 느껴진다. 박람회에서 만나지 않고 온라인에서 우연히 봤다면 아마도 구매하지 않고 지나쳤을 것이다.

너, 내 소비자가 돼라

'나'를 발견하도록 만드는 가장 간단하고 쉬운 방법은 발견해 주었으면 하는 대상에게 말을 거는 것이다. 오프라인 부스를 지나다니는 사람들에게 말을 걸고, 제품을 인지할 수 있도록 소개하는 것처럼 말이다.

온라인 판매가 어렵다고 고민하는 분들과 이야기를 나눠보면 공통적으로 이런 모습을 보인다. 말로 설명할 때는 제품의 매력과 강점을 정말 잘 알려주고, 내가 필요하다고 느끼게 해주고, 열정적으로 설명하는 모습에 신뢰까지 느껴진다. 반면 이 제품 소개를 온라인 공간에, 한 페이지에 표현해 달라고 하면 뚝딱이는 사람들이 많다. 이들의 상세페이지는 고객에게 말을 걸고 있지 않다. 말을 걸지 않으니, 사람들이 발견하기 힘들다. 왜 직접 말로 할 때는 자연스럽고 쉬웠는데, 온라인으로는 잘 되지 않았을까 생각해 보니 몇 가지 이유를 알 수 있었다.

오프라인에서는 내가 말하는 대상이 누구인지 알기 쉽다. 그렇기 때문에 그 사람이 이해하고 관심을 가질 만한 멘트를 골라서 던질 수 있다. 대화의 주제는 제품이지만 주인공은 손님인 셈이다.

예를 들면 화장품 원료에 대한 지식이 전혀 없어 보이는, 30대로 추정되며 푸석하고 건조해 보이는 피부를 가진 여성에게는 '나노리포좀 성분으로 만들었어요'가 아니라 '흡수가 빨라서 바르자마자 바

로 쫀쫀해져요! 밤에 다른 거 안 바르고 이것만 발라도 피부 환해져
요'와 같은 말을 할 것이다. 나노리포좀이라는 업계 용어를 들어도
아무것도 모를 가능성이 높아 보이기 때문이다.

딸이나 아내에게 줄 선물을 고르는 것처럼 어색하게 부스에 방문
한 남성 고객에게는 제품 기능에 대한 설명 없이 선물하시는 거냐고
먼저 물어볼 수도 있다. 그렇다고 대답한다면 제품의 여러 특징과
함께 얼마나 선물하기 좋은 패키지로 되어있는지 소개할 것이다. 유
명 브랜드의 고가 라인과 같은 원료를 썼다며, 선물 받을 아내 분에
게 칭찬받을 수 있다는 말까지 덧붙이며 말이다.

이처럼 오프라인에서는 제품을 소비자에게 이득이 되는 부분에
맞춰 소개하게 된다. 앞서 말했듯 나에게 관련된 이야기는 더 쉽게
집중된다. 손님이 주인공이고, 손님이 주어인 이야기는 손님의 귀에
쏙쏙 들어온다.

반면 온라인으로 말을 걸 때, 특히 상세페이지와 같은 콘텐츠를
통해 말을 걸 때는 '누구에게 말하는지' 알지 못하고 멘트를 던지게
된다. 그렇기 때문에 고객들이 관심이 있는 정보인지 아닌지 모른
채 내가 하고 싶은 말을 가장 먼저 해버리는 것이다.

말하는 대상을 모르면 대화의 주제와 주인공 모두 제품이 된다.

많은 온라인 광고 콘텐츠들이 브랜드 이름을 강조하고, 제품이 얼마나 잘 만들어졌는지 소개한다. 어떤 성분으로 만들어졌고, 어떤 특허를 받았고, 어떤 기능과 효능이 있는지 나열한다. 내가 하고 싶은 말, 보여주고 싶은 순서대로 구성한 콘텐츠는 고객과 나누는 맞춤형 대화가 아니다.

누구에게 말을 거는지 모르면, 설상가상으로 말투마저 변해버린다. 사람 대 사람으로 말을 걸 때는 자연스러운 구어체, 친절한 문장을 자연스럽게 사용한다. 하지만 많은 브랜드들이 온라인 공간으로만 가면 AI처럼 딱딱하게 변한다. 녹음된 파일을 일방적으로 트는 것처럼 콘텐츠를 내보내게 되는 것이다. 이로 인해 직접 들으면 빠져들었을 재밌는 이야기들이 재미도, 감동도, 공감도 없는 제품 자랑이 되어버린다.

온라인에서 고객을 대하는 자세도 오프라인과 같아야 한다. **콘텐츠를 스쳐 지나가던 사람이 나를 발견하도록 유도하는 맞춤형 말 걸기, 내 콘텐츠를 발견한 사람들이 끝까지 호감을 잃지 않게 만드는 세심한 말 걸기가 필요하다.** 우리의 상세페이지는 오프라인에서처럼 쌍방향 대화가 되어야 한다. 발견은 쌍방향 대화에서 더 큰 힘을 낼 수 있다.

듣는 사람을 고려해서 던진 말 한마디에 소비자는 자연스럽게 공감하고 집중한다. 소비자에게 보여주는 모든 콘텐츠가 소비자와의 대화라고 생각하고 준비했을 때, 내 콘텐츠를 흥미롭게 읽고 댓글을 달고 공유하는 사람이 쑥 늘어나 있는 모습을 발견하게 될 것이다.

비슷한 다른 제품이 아니라 이 제품을 구매해야 하는 이유

제품 자랑을 하지 않고 소비자의 시선을 끄는 말 걸기가 필요하다고 해서 오해하지 않았으면 한다. 관심을 끌 수 있는 아무 이야기나 아무 단어만으로 구매까지 이어지는 것은 아니다. 우리가 앞으로 만들어 갈 발견을 위한 콘텐츠에서 가장 중요한 소재는 단연코 '제품'이다. 단, 이 소재를 발견에 최적화된 형태로 재가공해 소비자에게 보여줘야 한다.

판매자로서 내 제품의 특징을 제대로 아는 것은 중요하다. 그런데 내 제품이 소비자에게 무엇을 줄 수 있는지를 아는 것은 더더욱 중요하다. 소비자들이 구매 버튼을 누르는 순간은 ①내 제품이 가져다 줄 수 있는 '무엇'과 ②그것을 필요로 하는 '사람'이 만나는 완벽한 타이밍에 비로소 완성된다.

USP는 이 완벽한 타이밍을 고려하게 해주는 개념이다. USP라는 말은 'Unique Selling Proposition' 또는 'Unique Selling Point'의 약자

로, 마케팅 실무자라면 하루에 열 번도 넘게 들을 핵심적인 마케팅 개념이다. 1940년대 미국 광고 대행사 로서 리브스^{Rosser Reeves}가 처음 사용한 이 단어는 국내에서 '셀링 포인트' 또는 '판매 소구점' 등의 단어로 실무에서 활용되기도 한다(이 책에서는 '셀링 포인트'라는 표현으로 이 개념을 설명할 예정이다).

USP의 뜻을 풀이하면 Unique(고유한), Selling(판매), Proposition(제안)인데, 한마디로 내 제품을 선택(구매)하게 만드는 나만의 차별점을 뜻한다. 더 쉽게 풀어서 말하면 다른 제품이 아닌, 내 제품을 사야 하는 이유가 바로 USP이자 셀링 포인트이다.

카테고리가 같은 제품도 각기 고유한 강점과 구매 이유를 가지고 있다. 제품이 가져다 줄 수 있는 가치와 경험에 따라 차별점이 달라지기 때문이다. 같은 티셔츠 카테고리라 해도 구매 이유가 다를 수 있다. 품질 대비 저렴한 가격 때문일 수도 있고, 특정 디자이너 브랜드와 콜라보레이션한 한정판이라 희소성이 있기 때문일 수도, 10년 입어도 늘어나지 않는 기능성 원단이기 때문일 수도 있다.

반면 제품의 독보적인 특징이라고 뽑아냈지만, 정작 소비자들이 구매해야 하는 이유를 알 수 없으면 셀링 포인트가 될 수 없다. 이때 중요한 것은 판매자가 생각하는 특별한 점이 아니라, 소비자 입장에서 특별한 점을 찾아내야 한다. 제품의 강점은 제품 혼자 잘났다고 만들어지지 않는다. 제품이 얼마나 유용하게 쓰일 수 있는가, 소비자가 이 제품을 어떻게 경험할 수 있는가를 찾아야 한다.

그래서 셀링 포인트는 소비자의 시각으로 제품을 재해석·재가공한 것이라고도 볼 수 있다. 제품의 특징, 특징으로 인한 경험, 그 경험으로 소비자가 느낄 감정까지를 모두 아우르는 전체적인 '소비 경험'에서 차별점을 찾는 것이다.

제품의 특징은 소비자의 이성을 자극한다. 이는 행복한 감정을 누릴 '근거'를 마련해 주고 제품의 필요를 느끼게 하는 데 중요한 역할을 한다. 제품이 줄 것이라 예상되는 경험은 소비자의 감성을 자극한다. 이성적인 판단을 내릴 수 있는 제품에 감성이 자극될 여지가 더해질 때 '이 제품은 좀 다른데?'라는 반응을 끌어낼 수 있다. 사용자가 제품을 용도 그 이상으로 받아들이고, 유사한 기능의 다른 제품이 아닌 내 제품을 구매할 수 있도록 이끌어 주기 때문이다.

예를 들어보자. 한 떡볶이 밀키트가 있다. 곤약 떡으로 만들어서 칼로리는 낮지만, 제조자의 특수한 기술로 밀떡볶이 같은 식감과 자극적인 불맛을 구현해 냈다. 모든 재료가 다 들어 있어 빠르게 끓일 수 있다는 것도 특징이다. 만약 이 특징들을 소비자에게 단순히 읊어 주기만 했다면, 소비자들은 밀키트를 그리 특별한 제품으로 기억하지 않을 것이다. 빠르게 완성할 수 있는 떡볶이 밀키트는 다른 곳에서도 얼마든지 찾아볼 수 있고, 평소 음식의 칼로리에 크게 신경 쓰지 않는 편이라면 차라리 더 맛있는 떡볶이를 원할 수도 있다. 제품의 특징 자체만으로는 셀링 포인트가 완성되지 않는다.

이번에는 특징에 경험을 더해보자. 곤약 떡볶이 밀키트는 칼로리가 낮아 늦은 시간에도 부담 없이 야식을 즐기게 해준다. 먹는 죄책감도 덜어주고, 도파민이 분비되는 짜릿한 불맛을 즐기는 경험도 하게 된다. 제품의 특징과 경험을 연결하는 셀링 포인트를 찾는다면, 아래와 같은 카피를 작성해 소비자의 반응을 끌어낼 수 있다.

"자극적인 불맛에 그렇지 못한 칼로리
죄책감 없이 한 그릇 뚝딱, 초간편 야볶이"

이 카피를 읽은 소비자는 '야식으로 먹을 만한 안주 찾고 있었는데 딱이네' 또는 '저녁에 빨리 요리해서 먹기 편하겠다' 등의 구매가 가져다줄 행복의 경험을 연상하게 된다. 제품 구매 욕구도 자연스럽게 커진다.

간혹 내 제품에는 셀링 포인트가 없다고 생각하는 제품 담당자들이 있다. 내가 팔아야 하는 제품이긴 하지만 너무 평범하고, 남들과 다르지 않아서 딱히 차별점이라고 볼 것이 없다는 것이다. 하지만 셀링 포인트는 분명 모든 제품에 존재한다. 이 세상에 100% 똑같은 제품은 없다.

셀링 포인트를 잘 모르겠다면 먼저 제품 제작 과정을 천천히 돌아보자. 시간이나 비용이 들더라도 특별히 더 신경 쓴 디테일이 있거나, 제품 제작에 들어간 비용을 줄이기 위해 노력한 부분이 있는지 찾아보면 차별점이 보이기 시작할 것이다.

또는 유사 제품의 상세페이지를 분석해 보는 것도 좋다. 경쟁사 또는 동일 제품군의 상세페이지에 들어가 보면 생각보다 다양한 정보를 읽어 낼 수 있다. 사람들이 남긴 후기와 댓글, 만족도를 통해 시중의 제품에서 아쉬웠던 부분이 어디인지 파악해 보고, 내 제품을 소개할 문구에 대한 단서도 얻어갈 수 있다. 반대로 무엇을 셀링 포인트로 사용할 수 없는지도 확인할 수 있다. 남들이 뻔하게 다 하는 말, 제품군이 가진 보편적인 특징 등을 제거하다 보면 내 제품만이 제안할 수 있는 고유한 경험을 찾을 수 있을 것이다.

신제품 론칭을 앞두고 있거나, 온라인 판매를 위한 상세페이지 제작을 준비하고 있다면 제품의 셀링 포인트 찾는 일부터 시작해 보길 바란다. 제품의 매력을 더 깊이 파악하고, 이를 소비자의 관점으로 바꾸는 연습은 잘 팔기 위한 필수 준비운동이다. 내가 줄 수 있는 것을 명확하게 알고 있어야 그것을 필요로 하는 사람들에게 말을 걸고 그들의 마음을 움직일 수 있다.

03

사람들은
무엇에
지갑을
열까

●

1만 원짜리 티셔츠와 500만 원짜리 명품 가방을 사는 이유는 같다

사람들은 무언가 필요할 때 물건을 구매한다. 하지만 언제나 필요한 물건만 사는 것은 아니다. 필요라는 단어 뒤에 숨어 있는 진짜 구매 이유를 찾아야만 사람들이 무엇에 지갑을 여는지 알 수 있다. 그것을 알아보기 위해 소비자의 마음속으로 잠시 들어가도록 하자.

1만 원짜리 티셔츠를 구매한 소비자는 이렇게 말할 것이다. 원래 필요했다고. 하지만 이 소비자의 마음 속에는 더 많은 목소리들이 존재한다. '필요했다'는 말을 더 들여다 보면, 구매 결정에 영향을 미친 여러가지 숨은 이유들이 보이기 시작한다.

'대박, 요즘도 이렇게 싼 티셔츠가 있다니!'라고 생각한 소비자는 이 티셔츠가 자신의 절약을 도와주어서 선택했을 것이다. '비싼거 고민하고 고르느니, 빨리 사고 말자. 싼 거니까 막 입고 또 사면 되지'라고 생각했다면, 이 소비자는 티셔츠가 나의 시간을 아껴 주기 때문에 선택했을 것이다. 1만 원짜리 티셔츠는 가격의 특성을 통해 현대인들에게 항상 부족한 돈과 시간을 절약할 수 있게 해준 것이다.

좋아하는 인플루언서가 입었다는 이유로, 또는 요즘 유행하는 디자인이라는 이유로 구매했을 수도 있다. 가격이라는 특성보다 제품의 디자인이나 유명세라는 특징에 마음을 빼앗기는 경우다. 여기에는 내가 좋아하는 인플루언서와 같은 옷을 입고, 사회적으로 인정받으며 소속감을 느끼고 싶은 욕구가 숨어 있다. 이 옷을 입었을 때 '옷 잘 입는다' 또는 '이 옷 어디서 샀어?'와 같은 반응을 들으며 뿌듯함을 느끼는 경험을 할 수 있게 된다. 결국 이 소비자는 사람들의 관심과 인정으로 '트렌드에 밝은 옷 잘 입는 사람'이 되는 경험을 위해 1만 원짜리 티셔츠에 지갑을 연 것이다.

500만 원짜리 명품 가방을 구매한 소비자의 마음속에도 여러 가지 목소리가 존재한다. 남들에게는 단지 '갖고 싶어서'라고 말하겠지만 속마음은 다르다.

명품 소비를 정의한 프랑스 사회학자 피에르 부르디외Pierre

Bourbieu는 명품을 소비하는 심리적 요인을 '구별짓기'라고 말했다. 과거의 신분과 계급이 사라진 현대 사회에서는 내가 사용하는 물건의 값어치가 타인과 나를 구분 짓는 일종의 '신분 증명서'가 된다는 것이다.

'남들이 쉽게 못 사는 이 브랜드를 들면 고급스럽고 품격 있어 보이겠지?'라는 마음을 가졌다면, 500만 원짜리 가방은 경제적 '신분 증명서'의 역할을 톡톡히 해낼 것이다. 과시와 사회적 인정을 통한 쾌락의 경험도 할 수 있다. 유사하게 어린 시절부터 동경해 온 고가의 제품을 결제할 수 있는 스스로를 보며 느낄 수 있는 성취감과 짜릿함도 500만 원짜리 가방 구매로 얻을 수 있는 경험이다. 공통점을 발견했는가? 1만 원짜리 티셔츠와 명품 가방은 모두 소비자가 어떠한 경험을 원했기 때문에 선택받았다.

물건을 구매할 때는 필요와 욕구가 소비자를 움직인다고 한다. 필요라는 단어를 뜯어보면 반드시 필(必)과 요긴할 요(要)로 이루어져있다. 중요하게 쓰이기 위해 꼭 있어야 하거나 갖추어져야 하는 상태에 있는 것을 뜻한다. 즉, 어떤 문제를 해결하거나 특정 용도로 쓰이는 등 목적이 있다는 뜻이다. 필요한 물건의 부재로 문제가 해결되지 않으면 소비자는 크고 작은 불편을 겪는다. 설령 직접 인지하지 못하는 불편일지라도 말이다. 필요는 물건의 기능과 직결된다.

욕구는 무언가를 원하는 과정이다. 물건의 기능과 직접적으로 연결되지는 않을 수도 있다. 하지만 물건을 통해 해소되어야 하는 상태는 분명히 존재한다. 두산백과에 따르면 욕구의 정의는 "생활체에 생기는 부족상태를 보충하고 과잉상태를 배제하려는 과정"이라고 한다. 물건의 부재로 상황이 해소되지 않으면 역시 소비자는 크고 작은 불편을 겪는다. 욕구 충족은 제품의 '보이지 않는' 기능이다.

소비자를 움직이는 두 심리상태는 얼핏 보면 상반된 개념 같지만 서로 연결되어 있다. 제품의 필요가 커지면 욕구로 확장될 수 있고, 심리적 욕구 충족을 위해 제품이 물리적으로 필요하다고 합리화하기도 한다. 제품에 따라 필요가 구매 결정에 영향을 미칠수도, 욕구가 소비자의 지갑을 열게 할 수도 있다.

필요와 욕구는 종착지도 같다. 제품을 통해 특정 상황을 '해결'하고, 궁극적으로 소비자 자신이 더 행복하고 안정적인 상태에 도달하게 만들어 준다. 필요해서 구매한 1만 원짜리 티셔츠도, 갖고 싶어서 구매한 500만 원짜리 가방도. 제품이 어떤 필요와 욕구를 해소하든 간에, 소비자가 도달하고자 하는 경험의 본질은 변하지 않는다.

가방을 사는 행위를 단순히 가방 제작에 들어가는 가죽과 부자재로 이루어진 '물건'을 구매하기 위함이라고 생각했다면 큰 오산이다. 비용을 내고 구매하는 것은 물건이 아닌 '경험'이다. 종착지는 '행복'

이다. 이러한 소비자의 심리는 '필요하지도 않은데 구매한 제품'의 소비 근거가 되기도 한다.

"텀블러 딱히 필요 없는데 샀어."

이 말에도 숨겨진 필요와 도착해야 하는 행복 종착지가 존재한다. 이유 없는 구매, 필요 없는 구매는 세상에 없다.

텀블러 필요하지 않은데 (디자인이 독특해서) 샀어 → 독특한 제품을 가지고 다니면 사람들이 내 취향을 궁금해 하겠지? → 사회적 인정 욕구 충족 → 행복해지는 경험

사람들이 무엇에 지갑을 여는지, 그 행동을 조정하는 근본적인 이유가 무엇인지 아는 것은 중요하다. 내 제품의 소비자는 왜 행복을 느낄까? 이를 설명하는 순간, 우리는 소비자의 진짜 속마음에 도달할 수 있다.

소비자의 구매 여정

마음속 필요와 욕망이 보내는 신호의 세기가 어느 정도 커지면, 사람들은 구매 여정을 시작한다. 먼저, 콘텐츠를 보고 눈길을 끄는 제품을 인지한다. 검색형 소비자는 검색 결

과에 따라 눈길 가는 제품을 보기 시작하고, 발견형 소비자는 우연히 발견한 광고나 제품 썸네일을 눌러보기 시작한다. 이것이 바로 구매 여정의 첫 번째 단계인 '인지'이다. 이 단계에서 관심 있는 콘텐츠를 만났다면 소비자는 제품을 더 알아보기로 마음을 먹는다. 그리고 제품의 썸네일을 클릭해 상세페이지로 들어온다.

상세페이지 상단의 카피와 이미지를 보고 제품의 셀링 포인트에 대한 흥미가 생겼다면 내용을 더 자세히 읽어 볼 것이고, 아니라면 뒤로가기 버튼을 누를 것이다. 판매자가 제시하는 셀링 포인트를 바탕으로 이 제품이 나를 행복한 경험의 종착지에 데려갈 수 있는 제품인지 아닌지 따져 보는 이 단계가 바로 구매 여정의 두 번째 단계인 '흥미'이다. 흥미가 커지면 욕망이 된다. 생각 없이 구경하던 제품은 그저 궁금했던 제품에서 내게 필요한 제품, 갖고 싶은 제품으로 변하게 된다.

인지와 흥미, 욕망의 단계를 지나며 소비자는 제품에 대한 정보를 습득하는 동시에 신뢰와 호감을 쌓는다. 제품의 셀링 포인트뿐 아니라 품질이나 판매자에 대한 정보, 다른 사람들의 후기 등 기타 정보들을 바탕으로 구매해도 되는 제품인지 검증하는 과정을 거친다. 검증이 완료되고, 제품에 대한 호감과 신뢰가 충분히 쌓이면 비로소 구매 버튼을 누른다.

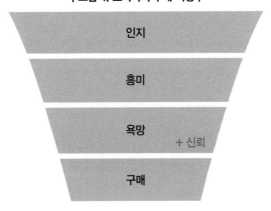

| 그림 4. 소비자의 구매 여정 |

인지

흥미

욕망

+ 신뢰

구매

어떤 유형의 소비자든 이 구매 여정을 반드시 거친다. 특정 단계가 특별히 길어지거나 짧아질 수는 있지만 그냥 통과해 버리지는 않는다. 생략되는 단계가 있다면 구매라는 마지막 단계에 도달할 수 없다. 인지하지도 않은 제품을 구매할 수는 없다. 예컨대 내가 인지하지 못한 사이 제품이 결제되어 내 방 침대 위에 놓여있다면, 지난날 과음으로 필름이 끊겼던 날이 있는지 돌아보게 될 것이다. 정상적인 구매 경로는 아니다. 흥미는 있었지만 정보가 불충분해 신뢰를 쌓지 못했거나, 욕망을 자극하지 않았던 제품 역시 구매되지 못한다. 해외 여행 중 만난 길거리 음식이 궁금은 했지만 선뜻 구매할 마음이 안 들었던 경험이 있다면, 흥미 단계에서 신뢰의 단계까지 도달하지 못했기 때문일 것이다.

사람에 따라, 제품에 따라 구매 여정의 속도는 다르다. 하지만 분명한 것은 발견형 소비자의 구매 여정은 '내가 정확하게 무엇이 필요한지 모른 채' 돌아다니다가 시작된다. 애플 창업자 스티브 잡스는 매킨토시 PC를 출시하며 "사람(소비자)들은 당신이 뭔가를 보여주기 전까진 정말 원하는 게 뭔지 모른다. 헨리 포드가 자동차를 만들기 전까지 사람들이 원한 건 '보다 빠른 말'이었다"라는 명언을 남기기도 했다.

내가 원하는 것을 정확히 알고 구매 여정에 뛰어드는 사람은 거의 없다. 사람의 머리는 컴퓨터나 계산기가 아니기 때문이다. 우리 뇌가 지금 나의 영양과 재정 상태를 정확히 파악해서, 내일 점심으로 '연어 샐러드'를 배달시켜 먹는 것이 정답이라고 알려주지 않는다. 사람들의 머릿속에는 의식하지 않았던 생각이 섞여 있기도 하다. 건강한 식재료를 통해 영양소를 섭취해야 한다는 필요와, 맛있지만 건강하지 않은 음식을 먹을 때 생기는 죄책감에서 벗어나고자 하는 심리, 직접 하기 귀찮은 요리를 누가 대신 해줬으면 하는 욕구. 이 모든 것을 반영한 다양한 생각이 복합적으로 머릿속을 떠다닌다. 하나만 골라내는 것은 불가능하다.

우리는 사람들이 무엇을 원하는지 모른다. 내 제품이 왜 필요한지도 모른다. 그렇기 때문에 우리가 그들이 '원할 만한' 것을 먼저 제시해야 한다. 내 제품이 줄 수 있는 차별적인 경험을 소비자가 인지할 수 있도록 구매 여정의 첫 단계부터 알려야 한다. 제품의 셀링 포인트를 광고 콘텐츠의 주요 문구로 활용하고, 상세페이지 최상단에 배치해서 스크롤을 더 내리도록 하는 장치로 활용하는 등의 노력이 필요하다. 자신에게 어떤 물건이 필요한지 아닌지 잘 모르고 돌아다니던 사람들을 인지 단계로 유입시키고, 구매 여정으로 끌어당기는 것은 발견형 소비 시대의 필수 판매 전략이다.

어떻게 하면 비싸다고 하지 않을까

①누구에게 ②무엇을 ③어떻게 팔 것인가에 따라 고객들의 반응이 달라진다. 이 세 가지에 따라 비싸다는 반응이 나오기도, 이 정도면 가성비있다는 반응이 나오기도 한다.

머리카락이 없는 사람에게 머릿결을 좋게 하는 샴푸를 팔지 않는다. 머리카락이 없는 사람도 샴푸 광고를 관심 있게 보지 않는다. 제품으로부터 얻을 수 있는 가치가 없다고 판단되면 필요 없는 제품이라고 인식한다. 그리고 제품으로부터 얻을 수 있는 가치가 금액에 비해 낮다고 생각하면 '비싼' 제품이라고 인식한다. 10만 원 정도의 소비를 할 수 있는 사람에게 100만 원짜리 제품을 제안하면 '너무 비싸'다고 말한다. 구매가 성사되려면 판매자가 제시하는 제품 가격이 소비자가 기대하는 제품 가치에 부합해야 하는 것이다.

내 제품에 흔쾌히 지갑을 열어줄 사람을 찾는 것, 이를 위해서 우리는 타깃target 소비자를 찾아야 한다. 원하는 손님만 받는 건 불가능한 일이지만, 정확한 타깃과 이에 맞는 콘텐츠만 준비된다면 내가 원하는 사람들이 모이게 할 수는 있다.

① 누구에게

타깃은 목표나 공격할 대상을 가리킬 때 사용하는 말이다. '대상', '목표', '과녁', '표적' 등의 뜻으로도 사용된다. 제품 판매에서는 누구에게 팔 것인가, 즉 목표 고객을 말한다.

내 목표 고객이 누구인지 안다는 것은 그들이 어떤 특징, 행동, 욕구를 가진 고객인지 안다는 것과 같다. 타깃 분석은 내 제품을 구매할 사람들이 좋아하는 것과 싫어하는 것, 공감할 만한 것과 필요한 것을 알아가는 과정이다. 세상에는 다양한 종류의 사람들이 있다. 각자 필요한 게 다르고, 원하는 것이 다르다. 제품을 통해 얻고 싶은 가치도 다 다르다. 우리는 여러 종류의 사람 중에 내 제품을 필요로 할 만한 사람을 목표로 정하고 말을 걸어야 한다. 그래야 샴푸가 필요 없는 사람에게 샴푸를 추천하는 엉뚱한 일은 하지 않을 것이다.

예를 들어 한 무농약 채소 판매자가 있다. 농약 없이 노지에서 기른, 모양이 불규칙한 채소를 판매했다. 먹는 데에는 전혀 문제 되지 않지만, 벌레가 지나간 흔적이나 멍이 난 자국 때문에 일반 마트나 시장에서는 외면받는 노지 채소들이다.

과일이 '못생긴' 대신 강점도 있다. 당일 즉시 따서 신선하다는 점, 무농약이라 건강을 신경쓰는 분들에게 좋고, 땅을 오염시키지 않는 가치 소비에 동참할 수 있다는 점이다. 유통업체를 거치지 않고, 농부가 매일 직접 포장하고 배송한다는 점도 특징이다.

이 제품을 구매할 가장 이상적인 소비자는 이런 사람들이다. '과일이 자연스러운 모양을 하고 있어 좋아요. 건강한 농산물 감사합니다'라는 후기와 함께 재구매하는 소비자다. 이런 사람들을 타깃으로 잡고 끌어들여야 제품에 대한 만족도도 올라가고, 판매자도 소비자도 행복하다. 반면 '과일이 못생겨서 별점 1개 준다'라든가 '포장이 투박해서 선물하기 민망했다'는 후기를 남기는 사람들을 타깃한다면 재구매는 기대하기 어려울 것이다. 다양한 소비자를 끌어들여 잠깐의 매출을 올릴 수는 있어도, 이 소비자들 때문에 낮은 별점이 쌓이면 기존 고객들도 점점 발길이 뜸해진다. 잘못된 타깃을 끌어들이면 일어날 수 있는 안타까운 경우이다.

우리는 내 제품의 구석 구석을 장점으로 받아들이는 소비자를 끌어들여야 한다. 이 사람들이 누구인지 명확히 알고, 이들에게 메시지를 보내야한다. 내가 원하는 소비자와 그렇지 않은 소비자를 구분해야만, 1만 원이 더 비싸도 지갑을 흔쾌히 여는 소비자들을 집중적으로 모을 수 있다.

② 무엇을

목표 고객을 알았다면 이 사람들을 유인하기 위해 무엇을 해야 하는지도 알아야 한다. 제품의 어떤 장점을 먼저 제안하고, 어떤 경험으로 '행복'이라는 종착지에 도달하게 만들 수 있을지 말이다.

못생긴 농산물의 주 타깃은 농산물의 외관보다도 생산지, 지역 가치, 노지재배, 유기농, 신선함 등의 가치를 우선시하는 사람들이다. 이 소비자들은 '빠른배송'이나 '명절 선물'과 같은 표현보다는 '강원도 홍천 노지에서 키운 작지만 달콤한 사과' '건강한 흙에서 자란 꼬마 당근' 등의 표현에 눈길이 갈 것이다. 이처럼 타깃 소비자들이 관심 있게 볼 문구는 상세페이지나 광고 문구의 가장 첫 번째에 배치하여 타깃의 호기심을 자극하는 것이 좋다. 상대적으로 관심도 낮은 특징은 천천히 들려줘도 충분하다.

③ 어떻게

목표 고객에 따라 상세페이지가 어떤 보이스 톤을 가져야 하는지, 어떤 분위기의 디자인을 가져야 하는지, 어떤 컨셉을 가져야 하는지도 달라진다.

말하는 대상에 따라 다른 어투와 단어를 사용해야 한다는 것, 일상에서는 너무나 당연한 일이다. 온라인 공간과 상세페이지에서도 내가 대화하고자 하는 소비자에 맞게 목소리를 바꿔야 한다.

예를 들어 저렴하고 트렌디한 제품을 찾는 20대 초반 여대생과 비싸더라도 퀄리티가 높은 제품을 찾는 48세 직장인 여성이 좋아하는 톤은 다르다. 저렴하지만 트렌디한 제품을 찾는 20대 소비자는 가볍고, 친근하고, 소셜미디어에서 소통하는 듯한 통통 튀는 보이스 톤에 거부감을 가지지 않을 것이다. 오히려 너무 진지한 톤으로 말하면 올드해 보이고 지루해서 상세페이지를 별로 매력적인 콘텐츠로 인지하지 못할 수 있다. 반면 비싸더라도 퀄리티 높은 제품을 찾는 40대 후반 직장인 여성에게 SNS 게시물스러운 어투, 지나치게 가벼운 말투를 사용하면 오히려 신뢰를 떨어뜨린다. 너무 어린 친구들이 쓰는 제품 같다고 생각하며 제품에 관심을 가지지 않을 수도 있다. 이 소비자들은 조금 더 진지하고 클래식한 분위기의 상세페이지 보이스 톤을 선호할 것이다.

누구에게, 무엇을, 어떻게. 이 세 가지만 명확하게 알고 있다면 내가 원하는 사람들을 내 페이지에 모이게 할 수 있다. 내 제품을 구매할 수 있는 사람들, 내 제품을 비싸다고 말하지 않을 사람들을 모을 수 있는 것이다.

제품에 관심을 가질 만한 사람이 누군지 미리 알아보고, 이 사람들이 효과적으로 유입될 수 있게 만드는 일은 중요하다. 어쩌다 하나는 맞겠지 하는 마음으로, 목표 고객 분석 없이 무작정 콘텐츠를 만들어 불특정 다수에게 뿌리는 것은 눈을 감은 채 화살을 공중에 여러 발 날리는 것과 다름 없다. 명중하기 위해서는 과녁의 위치를 정확하게 알아야 한다.

04

발견 당할
목표 고객
찾기

나이·성별보다
더 중요한 '이것'

아무리 유명한 명사수라도 화살을 쏠 때 과녁을 정확하게 겨냥하지 않고 허공에 쏜 다음, 10점에 정확히 꽂히길 기도하는 바보 같은 짓은 하지 않는다. 게다가 만약 화살을 한 발 쏠 때마다 100만 원이 통장에서 빠져 나간다고 한다면, 과녁이 어디 있는지도 모른 채 활시위를 10번, 100번 당기는 사람은 없을 것이다. 한 발을 쏘더라도 정확하게 맞추기 위해 최적의 포물선을 그린 한 발을 정성스럽게 날릴 것이다.

우리가 콘텐츠를 제작할 때도 마찬가지다. 우리가 명중해야 하는 지점은 내 제품을 만났을 때 반드시 구매해 줄 사람들의 눈과 귀다.

그곳에 우리의 메시지가 콕 꽂혀야 '발견'이라는 목표 달성이 가능하다. 목표물에 맞지 않은 화살은 땅으로 떨어져 아무 역할도 완료해내지 못한다. 제품을 판매할 때 역시 목표 고객의 특성을 파악하고, 그 목표 고객을 둘러싼 환경을 고려해서 정성스러운 한 발을 준비해야 한다.

목표 고객만 잘 알고 있어도 남들과는 다른 콘텐츠를 만들 수 있다. 목표 고객을 구체적으로 그릴 수 있으면 내 제품에 꼭 맞는 콘텐츠와 브랜딩을 찾아 제품을 더 빛나게 할 수 있다. 말을 걸 사람을 명확하게 알고 있음으로써 던져야 하는 메시지의 내용과 방식, 구매하게 만드는 결정적인 한 방을 이해하게 되기 때문이다. 실제로 내가 제품의 상세페이지 기획제작 업무를 맡을 때 가장 많은 시간을 할애하는 구간은 **목표 고객이 누구인지 파악하고, 그들에게 어떤 메시지를 던질지 정하는 일**이다. 이 두 가지가 정해지면 그 다음은 쉽다. 콘텐츠를 직접 제작할 때도, 남에게 디자인 작업을 의뢰할 때도 말이다.

한 가지 흥미로운 점은 대부분의 판매자들이 '이미 고객을 충분히 파악'했다고 생각한다는 점이다. '이 제품은 어떤 사람들에게 추천하나요?' 혹은 '목표 고객은 누구인가요'라는 질문을 던지면 10명 중에 8명은 자신 있는 얼굴로 이렇게 대답한다. 'MZ세대 소비자들이요' '2030 자취생들에게 추천해요.'

많은 사람들이 '목표 고객이 누구인가요?'라는 질문을 받았을 때 가장 먼저 인구 통계학적인 분류 방식으로 고객층을 떠올린다. 직업이나 성별, 나이에 따라 타깃을 묶는 것이다. 물론 이런 구분이 전혀 도움이 되지 않는 것은 아니다. 하지만 세상에 갓 나와 아직 존재감이 뚜렷하지 않은 스몰 브랜드인 우리를 발견하기에는 초점이 선명하지 않다. 세상이 그렇게 단순하게 돌아가지 않기 때문이다.

캠핑이 유행이니까 당연히 캠핑에 관심 있을 거라 생각했던 MZ세대 남성 중에는 집에서 혼자 넷플릭스 보는 것을 좋아하는 사람도, 한강 러닝을 좋아하는 사람도, 뽀송한 침대로 떠나는 호캉스를 선호하는 사람도 있다. 캠핑을 가고 싶지만 경제적 상황이나 시간, 가족 등 여건이 안 돼서 가지 못하는 경우도 존재할 것이다. 단지 MZ세대라는, 혹은 남성이라는 분류로 묶어 제품을 홍보했다간 제품에 관심이 없는 사람들에게까지 아까운 화살을 쏘아 땅으로 떨어지게 만드는 낭비를 하게 될 것이다. 이들에게는 아무리 멋진 텐트와 숲속 사진을 보여 주며 캠핑 감성을 자극해도 통하지 않기 때문이다. 광고 페이지에 우연히 들어왔다가도 빠르게 나가기 버튼을 누르고, '넷플릭스 추천 시리즈'를 검색하러 페이지를 이동할 테니까.

목표가 크면 클수록 좋을 거라고 생각하는 판매자들도 있다. 실제로 많은 대표님들이 이런 멘트로 제품을 소개한다.

"우리 제품은 남자가 써도 여자가 써도 좋아요. 어른들이 사용해도 좋고, 순해서 어린이들이 사용해도 좋아요. 시니어들도 추천해요. 아, 그리고 사이즈도 작아서 휴대하기도 편해요. 여행갈 때 들고 가기도 좋고, 집에 두고 써도 좋아요."

목표 고객 범위가 넓으니 더 많은 사람들이 공감하고 구매하겠지, 하고 기대했다면 착각이다. 오히려 아무도 공감하지 않을 확률이 더 높다. 소비자들은 모두에게 좋은 무난한 제품보다 딱 나 같은 사람을 위해 만들어진 듯한 제품에 더 강하게 반응한다.

문제는 하느냐 마느냐가 아니라, 어떻게 하느냐에 있다. 더 선명하게 조율하고, 정확한 방향으로 메세지 화살을 날리려면 나이와 성별, 직업, 거주지 등의 카테고리를 벗어나 다른 기준으로 소비자를 구분하는 눈이 필요하다. 그리고 그 기준은 '라이프스타일'에서 시작한다.

오늘날의 라이프스타일은 굉장히 복잡하고 다양하다. 과거에는 나이와 직업, 거주지, 성별이 비슷하면 비슷한 라이프스타일을 가졌을지도 모르지만, 우리가 살고 있는 오늘은 다르다. 생존이라는 생리적 필요와 욕구를 충족시켜 주는 다양한 제품들이 쏟아져 나왔고, 인간은 그 다음 단계로 나아가 더 많은 것을 갈망하게 되었다. 같은 나이, 직업, 거주지, 성별을 가졌더라도 원하는 것, 필요한 것, 하고

너, 내 소비자가 돼라

싶은 것, 욕심나는 것 등이 달라진 것이다.

라이프스타일을 기준으로 더 정교하게 목표 고객을 그려야 한다. 올인원 미백 앰플의 소비자를 2535 여성 소비자라고 구분하는 대신, '잦은 약속과 야근으로 귀가 시간이 늦고, 귀찮음이 많아 관리도 잘 안하지만 맑은 연예인 피부는 동경하는 여성 소비자'라고 구분하는 것처럼 말이다. 발견의 시대에 필요한 목표 고객 분석 방법이다.

스몰 브랜드를 위한
고객 분석

그렇다면 라이프스타일을 기반으로 한 고객 분석은 어떻게 접근해야 하는 걸까. 고객을 더 심층적으로 분석해 보자는 말이 막연하게 느껴지거나, 숫자와 그래프로 가득한 보고서가 떠올라 겁이 난다면 안심해도 좋다. 여러분을 위해 스몰 브랜드도, 데이터와 친하지 않은 문과 출신 담당자도 쉽게 활용할 수 있는 고객 분석 방법을 소개하려 한다.

꼭 빅데이터처럼 방대한 양의 정보나 숫자만이 데이터의 전부가 아니다. 오히려 최근에는 그와 대척점에 있는 분석 사례도 많이 등장하고 있다. 개개인의 일상을 채우고 있는 감성이나 무의식, 욕망과 같은 값들은 숫자에 모두 드러나는 것이 아니기 때문이다. 『Thick data 씩 데이터』(테라코타, 2023)에서 인류학자 출신 저자는 "소비자는 숫자가 아니라 일상에 존재"하며, 상황과 맥락에 숨겨진 의미를 파악하여 그들을 이해하고 접근해야 한다고 말했다.

고객을 제대로 이해하기 위해서는 문과적인 방식의 데이터가 필요하다. 많은 사람들을 조사해 행동에 통계를 내고 숫자를 보며 분석하는 정량적인 데이터 말고, 고객 한 명의 상황과 구매 여정의 맥락을 정성적으로 파헤치며 분석해서 선명한 고객의 모습을 알아가야 한다. 그래야만 2535 직장인 여성처럼 숫자로 묶인 타깃이 아닌, 라이프스타일에 기반한 타깃을 설정할 수 있다.

물론 다양한 리서치 자료나 정량적인 데이터 분석을 참고해야 할 단계가 있다. 예를 들어 시장 규모를 살펴본다거나, 제품을 론칭할 시기나 장소를 정할 때, 또는 여러가지 광고 소재 중 사람들이 더 많이 클릭하는 광고 이미지를 찾아 효율을 올려보고고자 할 때는 의심의 여지 없이 유용한 존재이다. 하지만 이런 숫자들에만 의존하며 고객을 일반화하고 내 제품을 판매할 타깃을 정하려 한다면, 발견형 소비를 만드는 콘텐츠에 최적화된 타깃을 구분해 내기는 어려울 것이다.

넓게 많이 분석하는 대신 좁지만 깊게 파보자. 이것이 스몰 브랜드가 할 수 있는 최고의 타깃 분석이라 믿어 의심치 않는다. 지금부터 소개하는 '3단계 접근법'을 따르면, 지금 앉아 있는 자리에서도 충분히 정교한 고객 분석을 해볼 수 있다.

1단계는 관심 그룹을 나누는 단계이다. 마케팅 이론이 익숙한 사람들은 'STP(Segmentation-Targeting-Positioning)' 전략의 Segmentation(세분화)을 떠올려도 좋다. 우선 기존에 생각해 놓았던 목표 고객의 나이와 성별은 일단 모두 잊자. 그리고 세상의 많고 많은 제품 중 다른 제품이 아닌 내 제품을 정확하게 골라 구매할 사람들의 행동에 초점을 맞춘다. 추천하고 싶은 지인을 떠올려도 좋고, 직접 무언가에 불편을 느꼈던 경우를 생각해 봐도 좋다. 제품 개발 하면서 '이런 사람에게 참 좋겠다' 싶은 사람이 있다면 일단 모두 리스트에 적어 본다. 제품의 가격대나 디자인 등 부수적인 특징들은 고려하지 말고, 내 제품의 핵심 강점(셀링 포인트)을 중심으로 아래와 같은 질문을 던져 보자.

- 이 제품을 우연히 만났을 때, 무조건 구매할 것 같은 사람은 누구일까?
- 이 제품을 추천한다면 어떤 사람에게 추천할 것인가?
- 이 제품이 꼭 필요한 사람은 누구일까?

관심 그룹은 앞선 챕터에서 살펴본 '필요'와도 연결된다. 예를 들어 간편하게 먹을 수 있도록 손질되어 컵에 담긴 생망고 제품이 있다고 해보자. 이 컵 망고를 구매할 만한 고객으로는 이런 사람들이

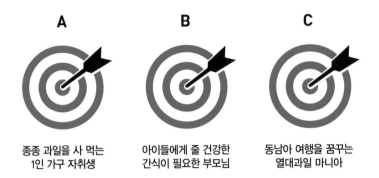

| 그림 5. 고객 분석 1단계: 관심 그룹 나누기 |

A

B

C

종종 과일을 사 먹는
1인 가구 자취생

아이들에게 줄 건강한
간식이 필요한 부모님

동남아 여행을 꿈꾸는
열대과일 마니아

떠오를 것이다. 가장 먼저, 과일에 대한 니즈가 있는 1인 가구가 손
질된 생과일을 구매할 것이라 예상된다. 이들은 과일 구매에 대한
욕구는 있지만 번거로운 손질 과정과 쓰레기 처리 문제, 소량의 과
일은 잘 팔지 않아 대용량으로 사야 하는 부담감 등으로 기존 과일
구매에 불편을 느끼는 집단이다. 간편하게 먹을 수 있도록 손질된
망고라는 제품의 특징과 가장 밀접하게 연관된 고객 집단이라고 볼
수 있다. 두 번째는 아이들에게 줄 건강한 간식거리를 찾는 부모들
이다. 쉽고 간편하게 먹을 수 있는 제품을 찾는다는 특징이 있지만,
아이들의 식습관을 위해 건강한 간식을 구매하고자 한다는 점에서
앞선 고객 집단과 차별점을 갖는다. 마지막으로 망고 그 자체에 열
광하는 '열대 과일 마니아'들도 이번 제품의 고객이 될 수 있다. 이들
은 손질이나 건강을 떠나, 싱싱한 망고 맛을 제대로 느낄 수 있다는
점에 반응할 것이다.

이처럼 제품의 특징에 따라 목표 집단이 달라진다. 1인 가구 자취생과 아이들을 위한 건강 간식을 찾는 부모님, 열대 과일 마니아는 서로 다른 목표 고객, 즉 다른 과녁이 되는 것이다.

여기서 주의할 점은 '제품군 전체의 고객'을 '내 제품의 목표 고객'이라고 생각하고 관심 그룹을 나누면 안 된다는 점이다. 이 실수는 특히 제품군 자체가 좁고 특수한 유아 용품이나 반려동물 제품, 다이어트 식품 등에서 자주 보인다. 유아 용품이면 무조건 '육아템을 찾는 부모'라고 타깃을 뭉뚱그려 그룹을 묶거나 다이어트 식품이라고 무조건 '식단 관리하는 소비자'라고 넘겨짚는 성급함은 넣어 두자. 의류나 식품 같은 다른 카테고리를 떠올려 보면 이해하기 쉽다. 그 어떤 패션 브랜드도 '옷 필요한 사람 사세요'라고 광고하지 않는다. 대신 세상의 많은 옷 중에서 내 브랜드의 특정 제품이 필요한 사람, 원할 만한 사람들을 타깃으로 잡고 광고한다. 즉, 내 제품 고유의 셀링 포인트를 떠올리며 소비자 그룹을 그려야 한다.

2단계는 핵심 그룹 정하기다. 앞서 나눈 여러 관심 그룹 중, 내가 말을 걸어 공략할 그룹을 선택할 차례다. 이 과정은 여러 개의 과녁 중 어떤 과녁을 맞출지 고르는 과정이다. 1단계에서 구분된 고객 그룹은 서로 다른 구매 패턴을 보이기 때문에, 이 모두를 한 번에 공략하려고 하면 과녁의 갯수가 늘어나는 꼴이 된다. 과녁이 늘어나면 당연히 어디로 쏴야 할 지 알 수 없다. 내가 명중시키고자 하는 핵심 그룹을 선택하는 과정이 필요하다.

먼저 1단계에서 그룹으로 묶인 소비자들이 어떤 사람들일지 상세하게 그려보자. 남자일지 여자일지, 나이대는 대략적으로 어떨지부터 시작해서 그 사람의 하루 루틴이나 고민, 좋아하는 것, 싫어하는 것, 재정 상태 등을 자세히 생각해 보아도 좋다. 그리고 내 제품을 구매할 확률이 가장 높은 한 그룹을 골라 핵심 그룹으로 지정한다.

핵심 그룹을 선정할 때는 제품의 강점뿐 아니라 가격, 디자인, 사용 방법 등 다양한 특징을 고려해야 한다. 그러다 보면 제품의 기능성에 공감은 하지만 가격 장벽으로 인해 구매에 적극적으로 뛰어들기 어려운 사람도 보인다. 그들은 핵심 그룹이 될 수 없다. 내 제품에 관심을 보이긴 하겠지만, 얼마든지 다른 제품을 선택하거나 구매하지 않을 수도 있는 '변심 가능성 높은' 소비자이기 때문이다.

마지막 3단계는 핵심 그룹 내에 명중시킬 목표 고객을 정하는 과정이다. 같은 과녁 안에서도 칸별로 점수가 다르다. 실력 좋은 양궁 선수들은 가장 작은 가운데 10점짜리 원을 맞추기 위해 노력한다. 우리도 관심 그룹 중에서도 구매 확률이 높은 소비자를 맞추려는 노력이 필요하다. 그러기 위해서는 과녁 안의 눈금을 나누어야 한다. 한 차례 세분화한 타깃 집단을, 이제 욕망이라는 눈금으로 더 쪼개서 마지막 목표 고객을 정하는 것이다.

같은 필요를 느껴서 모인 집단에서도, 개개인의 머릿속에는 각기 다른 욕망이 들어있다. 욕망은 개인의 라이프스타일이라는 외적 요소뿐 아니라 가치관과 성격, 무의식 등 여러가지 내적 요소들이 복합적으로 작용하여 만들어진다. 이 제품의 용도를 필요로 하는 사람 중에, 어떤 가치관과 성격을 가진 사람들에게 제품을 팔고 싶은지 정해본다. 필요와 욕망이 함께 움직이면 타깃의 눈금이 점점 선명하게 보이기 시작할 것이다.

2단계와 3단계를 정교하게 하기 위해서는 고객에 대한 깊은 통찰의 데이터가 필요하다. 이때 스몰 브랜드가 쉽게 활용할 수 있는 리서치 방법은 참여 관찰participant observation이다. 특정 집단을 이해하기 위해 그 사회에 들어가 생활하며 관찰하고 특징을 잡아내는 방법으로, 주로 인류학자나 사회학자들이 낯선 사회에 대해 탐구하기 위해 사용하는 방법론 중 하나이다. 물론 우리는 학자들처럼 누군가의 집에 찾아가 완벽한 참여 관찰을 구현해 내기는 어렵겠지만, 이들의 방법론을 일부 활용해 내가 직접 경험하지 못한 그룹에 대해 깊고 생생하게 파악해 볼 수 있다.

참여 관찰 연구에는 다양한 방식이 있다. 그중 대표적인 방법은 특정 그룹의 사람들을 아주 가까이서 관찰하는 것이다. 만약 타깃 고객 집단에 속하는 지인이 주위에 있거나, 고객 간담회를 할 여건이 된다면 내 미래의 고객이 어떤 사람일지 알아보는 심층 인터뷰를 진행해 보는 것도 좋다. 게다가 우리에겐 인터넷이라는 아주 편리한 도구가 있다.

블로그, SNS, 유튜브 채널 등 사람들이 모이는 온라인 커뮤니티는 제품이나 고객에 대한 참여 관찰을 할 수 있는 유용한 장소이다. 자동차 용품을 준비하고 있다면 세차나 자동차 튜닝 커뮤니티에 어떤 글이 올라오는지 살펴보고, 저칼로리 떡볶이 밀키트의 잠재 고객이 궁금하다면 운동이나 다이어트 커뮤니티 또는 직장인들이 모이는 커뮤니티에서 사람들이 야식·음식에 관해 어떤 이야기를 나누는지 알아보면 된다. 경쟁사 제품이 있다면 구글, 네이버 같은 검색 포털에 "○○(제품)+후기" 등을 검색해 보는 것도 좋다. 검색에 바로 걸리는 글은 광고성일 수 있지만, 댓글에 달린 키워드에 꼬리에 꼬리를 물면 더 많은 고객 정보를 만나게 될 것이다.

타사 제품의 판매 페이지도 내 목표 고객에 대한 이해를 쌓을 수 있는 좋은 공간 중 하나이다. 타사의 콘텐츠를 보며 제품 금액대나 제품명 등 기획 아이디어를 참고할 수 있을 뿐 아니라, 그곳을 찾는 사람들까지 관찰할 수 있다. 실제 고객들의 댓글과 문의, 긍정 후기와 부정 후기를 살펴보자. 제품을 구매하는 사람들의 성별과 나이대는 어떤지, 어떤 점에 만족했고 어떤 점에 불편을 느꼈는지 검색해 볼 수 있다. 또한 경쟁사가 해결하지 못한 문제는 무엇인지 살펴보다 보면 내 제품의 목표 고객을 이해하는 데 도움을 받을 수 있다. 브랜드마다, 제품마다 다른 고객들이 방문하기 때문에 타사 제품을 조사할 때는 최소 10개 이상의 페이지를 방문해 둘러보기를 추천한다.

예시로 돌아와서 1인 가구 자취생 중에는 과일 손질에 불만을 가진 부류가 있을 것이다. 이들은 능숙하게 과일을 손질하고 쓰레기 처리까지 도움을 주시던 부모님이나 형제 자매를 그리워한다. 몇 번 시도해 봤지만 마땅한 식탁도 없어 부엌 전체를 끈적이게 만들기만 했고, 정작 제대로 먹지도 못하고 힘만 뺐던 경험이 있다. 비슷한 이유로 자취방에서 요리를 하지 않는 사람들이다.

한편 구매 가능한 과일의 양에 불만을 가진 사람들은 합리적인 금액으로 즐길 수 있는 1인 식품에 관심을 보인다. 망고 딱 한 개, 아니 반 개만 먹으면 충분할 것 같은데 마트에서 파는 망고는 죄다 3개 묶음으로 되어 있어 불편함을 느낀 경험이 있다. 어쩔 수 없이 과일 한 묶음을 샀지만 혼자서 끝까지 먹지 못하고, 잔뜩 물러진 과일을 버려야만 했던 아픈 기억 때문에 신선식품은 잘 구매하지 않는다. 이 사람들은 쉬운 손질이나 예쁜 플레이팅보다는 1인분에 적합한 양의 제공을 중요시한다.

반면 칼로리나 건강을 걱정하는 사람도 있을 것이다. 달콤한 디저트와 간식을 자주 먹지만, 체중 관리도 신경 쓰는 집단이다. 간식을 아예 끊을 생각까진 없지만, 이왕이면 살이 덜 찌는 음식이면 좋

| 그림 6. 고객 분석 3단계: 목표 고객 정하기 |

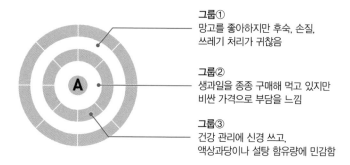

그룹①
망고를 좋아하지만 후숙, 손질,
쓰레기 처리가 귀찮음

그룹②
생과일을 종종 구매해 먹고 있지만
비싼 가격으로 부담을 느낌

그룹③
건강 관리에 신경 쓰고,
액상과당이나 설탕 함유량에 민감함

겠다는 생각을 한다.

관심 그룹 안의 눈금을 나누고, 욕망을 기반으로 한 부류를 선택하는 작업이 끝나면 우리는 누구에게 말을 걸지 알 수 있다. 그리고 그들에게 말을 걸기 위해, 다시 말해 그들에게 '발견 당하기' 위해 어떤 메시지와 방식이 필요한지도 명확하게 알 수 있다. 목표 고객 맞춤형 판매 전략을 짜고, 맞춤형 콘텐츠를 만들 수 있는 것이다.

과일 손질이 귀찮은 자취생 그룹 1번과 생과일의 가격에 부담을 느끼는 자취생 그룹 2번을 각각 공략한 상세페이지 콘텐츠는 그림 7과 같이 달라진다.

금메달리스트 양궁 선수들은 뛰어난 집중력으로 명중하고자 하는 지점을 정확하게 인지하고, 바람의 방향과 속도와 같은 주변 환

너, 내 소비자가 돼라

| 그림 7 |

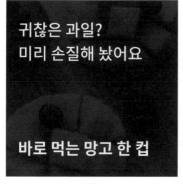
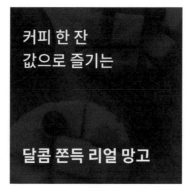

그룹 1   그룹 2

경을 파악한 다음, 화살이 목표 지점에 꽂히게 하기 위해 활 시위를 당기는 힘, 각도, 호흡, 눈 깜박이는 것까지 정교하게 조절한다. 발견형 소비의 명중을 위해서도 고객을 잘게 쪼개고 깊게 파헤쳐야 한다. 고객의 마음을 움직이기 위해 **고객을 분석한다는 것은 고객을 더 깊게 이해한다는 것이다.** 목표 지점이 선명하게 파악되었을 때, 우리는 그곳에 도달하기 위한 정교한 전략을 세울 수 있다.

너무 특별해서 아무도 필요를 못 느낀다는 함정

"모두에게 팔면 모두가 사지 않는다"는 말이 있다. 유명 카피라이터들이나 마케팅 전문가들이 자주 강조하는 문장이다. 전 29cm 카피라이터이자 『카피 쓰는 법』(유유, 2021) 등을 쓴 이유미 작가는 이렇게 말하기도 했다. "사람의 마음은 구체적일 때 움직이기 때문에 한 사람 한 사람 누구인지 들여다 보고 그 한 사람을 움직이고자 하면, 그 한 사람과, 그 사람과 닮은 여러 사람을 움직일 수 있다"라고. 전국의 20대를 모호하게 공략하는 것보다는 특정 행동과 니즈가 있는 딱 한 사람과, 그 사람과 닮은 1%의 국민을 공략했을 때 더 큰 효과, 더 많은 판매를 만들 수 있다.

핵심 그룹으로 선택받지 않은 사람들을 판매 대상에서 아예 제외하자는 것은 아니다. 관심 그룹으로 분류된 사람들은 어찌되었든 내 제품에 관심을 가질, 구매할 확률이 있는 사람들이다. 우리가 '핵심'으로 분류하지 않았더라도 관심이 있고, 필요하면 지갑을 열 테니 말이다. 다만 우리는 맞추려는 목표를 구체적으로 잡아, 목표 달성 확률을 높일 필요가 있다. '여러 그룹 중 누군가는 사겠지'라는 생각으로 시작하지 않고, 이들 중 딱 한 그룹은 무조건 사게 만드는 전략을 짜는 것이다.

게다가 모두에게 좋은 제품보다는 딱 한명을 위한 특별한 제품이 점점 더 잘 팔리는 세상이 오고 있다. 매년 연말연초에 베스트셀러에 오르는 소비 트렌드 분석서 『트렌드 코리아』(미래의창)에서는 점점 평균이 실종되고, 독보적인 단 하나에 매니아들이 열광하는 시대가 올 거라고 예측했다. 2022년을 나노사회로 예측했고, 2023년은 이보다도 더 세분화된 평균 실종의 사회라고 분석했다. 그리고 앞으로 사회는 더 고도화될 것이다. '모두에게 좋은 제품'은 소비자들에게 발견될 수 없다. 우리도 모두가 아닌 단 한 사람에게 발견되도록 판매하는 연습을 시작해야 한다.

그런데 과녁이 어디 있는지도 제대로 보지 않고 허공에 100발의 화살을 쏘는 것과 반대로, 아주 약한 화살을 딱 한 발만 날린다면 어떨까? 혹은 무작정 큰 그물을 펼쳤던 것과 반대로, 딱 한 종류의 물고기만 좋아하는 미끼를 걸어 망망대해에 던지면 어떨까? 애초에 미끼에 관심을 가지고 접근하는 물고기가 워낙 적어 성공 가능성이 낮아질 것이다. 이처럼 너무 특별한 제품으로 포지셔닝하고, 너무 만나기 힘든 고객을 목표로 잡으면 문제가 발생한다. 내 제품을 만나는 그 누구에게도 어필되지 못하는 함정에 빠지게 되는 것이다. 너무 평범해도 안 되지만, 너무 특이해도 문제가 된다. 제품의 필요성에 공감하는 고객을 만나기 힘들면 불타나는 판매는 기대하기 어렵다.

이는 목표 고객을 세분화해서 생긴 문제가 아니라 제한해 버려서 생기는 문제이다. 고객의 라이프스타일, 행동, 욕망에 따라 깊게 파지 않고 판매자의 입장에서 제품을 기준으로 고객을 제한해 버릴 때 발생한다.

예를 들어 여기 한 제품이 있다. 식물성 원료로 만든 비건 뷰티 브랜드의 페이셜 크림이다. 바다를 사랑하는 스쿠버 다이버가 출시한, 바다에 녹아들어도 안전한 성분으로 제작된 제품이다. 핵심 목표 고객은 '비건 뷰티에 관심있는 2535 여성'으로, 제품의 상세페이지는 이 천연 성분이 얼마나 피부에 좋고 환경에도 좋은지 설명하는 문장들이 적혀있다.

만약 '비건'이나 '환경 보호'라는 키워드에 적극적으로 반응하는 소비자가 이 제품의 상세페이지 콘텐츠를 접했다면 여지 없이 주목할 것이다. 아예 '비건 제품을 사야지' 하는 분명한 목적을 가지고 제품을 탐색하던 목적형 소비자라면 더 빠르게 유입될 가능성도 높다. 하지만 애초에 해당 키워드에 관심이 없던 발견형 소비자들이 우연히 들어온다면 제품을 관심 있게 볼 확률은 낮아진다. '난 비건 원료보다는 제대로 효과를 볼 수 있는 기능성 화장품이 더 필요해'라고 생각하며 대거 이탈하는 경우도 생긴다. 이 제품이 얼마나 보습 효과가 뛰어난지, 어떤 다른 기능이 있는지 알게 되기도 전에 말이다. 목표 고객에게 제시한 셀링 포인트에 제품의 특징만 있고 경험과 감정이 빠졌기 때문이다. 이는 앞서 다룬 '내 제품은 왜 팔리지 않을까'의 내용과도 일맥상통하는 부분이다. 제품이 필요한 이유를 제품의 소재로 한정해 버리면, 제품을 구매할 확률이 있더라도 '소재' 자체에 관심이 없던 사람들이 떠나간다. 유입에서 구매로 전환되는 비율이 점점 작아지는 것이다.

너, 내 소비자가 돼라

그렇다면 어떻게 해야 할까? 타깃이 '비건 뷰티에 관심 있는 사람'이었던 크림은 제품 특유의 스토리를 살려 '거칠고 차가운 바닷물을 오래 견딜 수 있도록 강력한 보습으로 피부 보호를 해주는 제품'으로 포지셔닝하고, '시중의 기능성 제품을 아무리 발라도 피부가 거칠어 고민하는 극건성 타입의 소비자'로 타깃을 바꾸면 더 많은 고객의 구매를 기대할 수 있을 것이다.

물론 비건 성분이라는 소개와 장점도 상세페이지에 담겨야 한다. 하지만, 타깃을 구분하고 제한하는 용도로는 사용하지 않도록 하자. 대신 페이셜 크림을 구매하는 고객들의 숨은 마음을 깊게 들여다보고 기존 제품에 불만을 가졌던 사람들을 아우를 수 있는 목표를 정해 보자. 기존 타깃이었던 '비건 뷰티에 관심 있는 사람'과 '스쿠버 다이버'들도 유입될 뿐 아니라, 이 두 키워드엔 관심이 없지만 효과 좋은 수분크림을 찾는 사람들도 자연스럽게 유입될 것이다.

여러분이 발견형 소비자를 기대하고 있다면 판매자의 시각으로 목표 고객을 좁히지 말고, 소비자의 행동과 욕망을 깊게 들여다보며 세분화하는 연습이 필요하다. 특히 소수의 특정 집단을 위해 개발된 제품, 특정 컨셉 성분을 강하게 소구한 제품, 흔하지 않은 사용법을 가진 제품을 판매하려 한다면 고객을 바라보는 관점을 바꿔보길 바란다.

목표 고객을 깊게, 제대로 아는 것은 언제나 가장 중요하다. '잘 팔리지 않아서 고민'이라는 제품의 판매 페이지를 보면 대부분의 문제는 '누구에게, 어떻게'가 명확하게 잡히지 않아서 발생한다. 타깃 분석을 했다고 생각했는데 여전히 제품 판매가 저조하다면 내가 정한 목표 고객의 범위가 너무 크지는 않은지, 제품 기준으로 고객을 제한하고 있지는 않은지 하나씩 돌아보며 목표 고객을 다시 그려보길 바란다. 디자인이 멋있지 않아서, 포토샵 실력이 부족해서, 충분히 광고하지 않아서가 아닐지 고민하는 건 그 다음 문제다.

05 대체 불가한 브랜드, 대체 불가한 제품의 조건

나만 할 수 있는 말

유명하지도, 그렇다고 저렴하지도 않은 제품을 판매하는 스몰 브랜드에게 세상은 참 가혹하다. 경기가 좋을 때도 나쁠 때도, 소비자들은 항상 싼 제품을 찾는다. 많은 이익을 포기하고 온 마음을 다해 생산한 제품인데, 왜 타사보다 비싸냐고 하는 반응이 이어지면 그렇게 맥이 빠질 수 없다. 내가 왜 잘 다니던 회사를 그만두고 이 일을 시작했지 하는 자책으로 시작해, 외로움과 서러움, 그리고 근심이 이어진다. 꼬리에 꼬리를 물고.

그런데 얄밉게도 또 명품은 불티나게 팔린다. 중소기업들은 매출이 부진해 힘들다고 하는데, 사람들은 그 비싼 제품을 구매하기 위해 오픈런을 하고, 웃돈까지 얹어 리셀 거래를 한다. 소비의 선택과 집중 현상은 나날이 커지고, 명품 가방을 선택한 소비자의 장바구니에 최저가 생필품이 함께 담긴다. 스몰 브랜드들이 제품 판매가 너무 어렵다고 입을 모아 말하는 것은 결코 이상한 일이 아니다.

평소에는 제일 저렴한 것을 찾으면서도, 명품이나 대기업 제품에는 거침 없이 결제하는 이유는 무엇일까? 제품의 대체 불가성 때문이다. 제품을 향한 필요와 욕망이 적절하게 작용하며, '이 제품이 아니면 안되겠다'는 생각을 심어주기 때문이다. 단순히 물건으로서 필요한 제품은 쉽게 대체되기 마련이다. 나의 재정 상태에 따라 언제든 최저가 상품으로 갈아 탈 수 있기도 하다. 이런 제품은 대체 불가한 제품이 아니다. 반면 내가 진짜 가지고 싶은 제품은 가격이 합리적이지 않더라도 구매하게 된다. 이 제품을 대체하여 나에게 그만큼의 만족감을 줄 제품이 없기 때문이다. 다른 유사한 제품들이 있지만 이 제품을 선택하게 된다.

단순히 비싼 명품, 인기 브랜드만이 대체 불가성을 줄 수 있는 것은 아니다. 노란색을 정말 좋아하는 소비자에게는 명품 브랜드의 검정색 가방보다, 처음 보는 브랜드의 노란색 가방이 더 특별하게 느껴질 것이다. 소비자에게 대체 불가한 만족감과 가치를 전할 수만 있다면, 어떤 제품도 특별하게 다가갈 수 있다. 내 제품만이 선사할 수 있는 긍정 경험이 있다면 그 어떤 제품도 세상에 하나뿐인 제품이 될 수 있다.

우리는 이미 셀링 포인트 분석을 통해, 다른 제품과는 다른 나만의 방식으로 제품을 소개하고, 차별화된 경험을 판매하는 방법을 알아보았다. 여기에 더해 '쉽게 대체될 수 없는 유일무이한 제품'으로 내 위치를 확고히 하고자 한다면 셀링 포인트와 함께 버무려져야 하는 것이 있다. 바로 제품이 지나온 발자취, 스토리story이다.

그냥 '고등어'와 '제주 추자도 앞바다에서 잡힌 고등어'는 다르다. 그냥 고등어 구이는 다른 데서도 먹을 수 있는 평범한 메뉴이겠지만, 참나무 장작에 구운 제주 추자도 고등어는 다른 곳에서 보지 못한 이 집만의 특별한 메뉴라고 생각하게 된다.

스토리는 쉽게 말해 이야깃거리이다. 제품 하나를 두고 얼마나 많은 이야기를 나눌 수 있는가에 따라 스토리가 있는 제품과 없는 제품이 구분된다. 그냥 고등어를 앞에 두고는 당장 먹을 식사 이야기 밖에 할 수 없지만, 제주 추자도 앞바다 고등어는 대화를 불러온다. 마지막으로 발을 담갔던 제주 바다가 얼마나 시원했는지부터 제주도에서 먹은 음식, 제주 가는 비행기에서 만난 사람, 제주도의 날씨, 곧 다가올 여름휴가까지 다양한 이야기를 끌어낼 수 있다. 무엇보다 이 고등어가 잡힌 추자도 앞바다를 상상하게 한다.

많은 판매자들이 스토리라고 하면 무언가 창의적인 글쓰기, 톡톡 튀는 아이디어가 필요할 것이라 지레 겁을 먹는데 전혀 그렇지 않다. 힘겹게 무언가를 지어내지 않아도, 누구나 쉽게 할 수 있는 것이 스토리텔링이다.

제품의 스토리를 만드는 가장 쉬운 방법 중 하나는 지역과 사람, 그리고 과정을 활용하는 방법이다. '맛있는 고등어'라는 평범한 제품 소개에 지역 이야기가 더해지면 '제주 추자도 앞바다에서 갓 잡은 고등어'라는 문장이 된다. 여행을 떠나, 그곳에서 바다를 보며 먹는 듯한 느낌이 나기 시작한다. 여기에 '참나무 장작에 구운'이라는 과정이 더해지면 이야기는 한층 더 깊어진다. 집에서 먹던 생선과는 차원이 다를 것 같다는 생각이 점점 머릿속을 채우게 된다. 장소와 과정이 더해지면 그 스토리는 더 풍성해진다. 이제 이 고등어 구이는 이제 더 이상 평범한 고등어로 기억되지 않을 것이다. 대체불가하게 만들어주는 스토리가 더해진 것이다.

이렇게 지역적 특색을 담은 제품 홍보를 두고 '로코노미local+economy = loconomy' 마케팅이라고도 하며, 특히 식품 업계에서 최근 들어 굉장히 활발하게 활용되고 있다. 맥도날드에서는 진도 대파 크림 크로켓 버거를 내놓았고, 제주맥주의 제주위트비어, 국내산 수박과 성주 참외를 넣은 스타벅스의 수박 그란데 블렌디드, 커피빈의 고창 수박 주스 등이 대표적이다.

만든 사람을 드러내는 것도 제품을 특별하게 만들어 준다. 같은 말이라도 친구가 하는 말과 가운을 입은 의사 선생님이 하는 말은 다르게 들린다. 평범한 한 사업가가 그저 돈을 벌기 위해 개발한 기능성 티셔츠와 어렸을 때부터 땀이 너무 많아 하루에 세 번씩 옷을 갈아입어야 했던 청년이 작정하고 개발한 기능성 티셔츠는 다르게 느껴진다. 후자는 일반 티셔츠와는 확실히 다를 것 같고, 이 제품이 타 제품들보다 더 비싸더라도 한 번 구매해 보고 싶은 마음마저 든다. 사람을 드러낸 이야기가 강한 신뢰를 만들어주었기 때문이다. 제품 제작 및 개발 과정의 노력까지 추가적으로 설명하면 제품 퀄리티에 대한 기대도 심어줄 수 있다.

반드시 전문가를 등장시킬 필요는 없다. 평범한 사람이라도 내 제품과 사업에 대한 철학이 있다면 얼마든지 대체불가함에 힘을 실을 수 있다. 제품 철학은 얼핏 보면 거대하고 진지한 단어 같지만 전혀 그렇지 않다. 철학이란 내가 왜 이 길을 걸어왔는지, 왜 이 제품을 선택해서 판매하게 되었는지, 그래서 앞으로 하려는 것이 무엇인지를 진술하게 담아낸 것이다. 'why'를 바탕으로 그냥 내 이야기를 하면 된다.

나만의 스토리를 제품 판매에 활용하는 방법은 간단하다. 제품을 소개할 때 내가 소개하고 싶은 특징과 그렇게 만든 이유를 한 세트로 구성한다. 예를 들면 이런식이다.

사례 1

- 특징: 등산 가방의 부자재에 초경량 플라스틱을 사용했습니다.
- 이유: 정상까지 가는 길, 1g 이라도 무게를 덜기 위해 메탈이 아닌 초경량 플라스틱 소재로 모든 부자재를 선정했습니다.

사례 2

- 특징: 이 코트는 캐시미어 80% 이상 함유된 원단을 사용하여 두껍지 않습니다.
- 이유: 두꺼운 코트는 안 그래도 무거운 우리의 어깨를 더 무겁게 짓누르기 마련이니까요. 이 코트를 입은 날 만큼은 어깨를 펴고 당당하게 걸을 수 있도록, 일반 캐시미어 코트보다 캐시미어 함유량을 대폭 늘려서 얇고 가볍게 만들었습니다. 코트의 고급스러움은 원단에서만 나오는 것이 아닙니다. 코트를 입은 당신의 당당한 자세에서 완성됩니다.

제품을 만들 때 내렸던 결정들, 부자재를 선택하며 추구했던 방향성이 모여 '제품 철학'과 스토리가 되어준다. 제품의 특징과 그 특징이 탄생한 배경을 같이 들려준다면 쉽게 지나칠 법한 그저 그런 특징도 하나의 이야기처럼 들린다. 가벼운 플라스틱이라는 설명으로 끝날 수 있었던 문장이 지난 봄, 친구들과 등산을 하면서 점점 가방이 무겁게 느껴졌던 경험과 가방을 벗어 던졌을 때의 홀가분한 기분까지 떠오르게 만든다. 이야기 속에 들어온 소비자에게 이 가방은 더 이상 그저 그런 평범한 가방이 아니다. 게다가 이렇게 제품의 특징과 이유를 엮어 설명할 줄 안다면, 제품을 소개하는 문장 하나하

너, 내 소비자가 돼라

나에 진심이 묻어날 수 있다. 진정성이라는 파워가 생기는 것이다.

개인적인 이야기를 드러낼 때, 우리는 가장 강력한 경쟁력을 갖게 된다. 『미래경영의 지배자들』(리드리드출판, 2017)의 저자 롤프 옌센**Rolf Jensen**은 이미 20년 전부터 "앞으로는 달걀을 더 빨리 더 많이 생산하는 사람이 아니라, 달걀을 가지고 이야기를 만들 줄 아는 사람이 시장을 지배하게 된다"고 말했다. 한국인 최초로 아카데미 감독상을 수상한 봉준호 감독도 "가장 개인적인 것이 가장 경쟁력 있다"고 말했다. 실제로 우리는 스토리가 소비자의 지갑을 열어주는 시대의 중심에 살고 있다. 나만 할 수 있는 말, 그 말들로 제품을 제안해 보자. 그래서 대체 불가한 제품으로 소비자에게 다가가 보자. 누구도 대체할 수 없는 나만의 이야기가 쌓인다면 언젠가 명품과 최저가 제품 속에서 내 제품이 눈부시게 빛나게 될 것이다.

머릿속에 남는
단 하나의 메시지

출근길에 열어 본 SNS 게시물, 우연히 마주친 지하철 광고, 퇴근 후 보는 유튜브 영상. 우리는 하루 동안 엄청난 양의 콘텐츠를 접한다. 하지만 하루 종일 접한 콘텐츠 중 기억에 남는 콘텐츠는 극히 일부에 불과하다. 대부분의 콘텐츠는 머릿속에서 빠르게 증발해 버려 아무런 흔적도 남기지 않는다. 반면 몇몇 콘텐츠는 오래 기억에 남는다. 너무 재밌었거나, 어딘가 인상적인 부분이 있었다면 더 생생하게 기억 속에 자리하게 된다.

읽는 사람의 머릿속에 기억을 남기는 콘텐츠는 성공한 콘텐츠이다. 재밌는 영상이었다면 소비자를 웃기거나 즐겁게 해주는 데에 성공한 것이고, 상세페이지였다면 소비자가 제품을 기억하도록 만드는 데에 성공한 것이다. 기억했다는 것은 몰입했다는 뜻이다. 상세페이지에 몰입하는 시간이 길어지면 구매 버튼을 누를 확률도 같이 올라간다. 몰입하면 제품에 대한 장점을 하나라도 더 읽게 되고, 장점을 더 많이 습득한 소비자는 제품 구매를 더 적극적으로 고려해볼 수 있다.

콘텐츠를 접하고 나서 머릿속에 남는 하나의 메시지를 '핵심 메시지'라고도 한다. 콘텐츠 속 다양한 정보, 글의 재료, 이미지 등을 접하고, 접했던 모든 내용을 종합했을 때 머릿속에 남는 메시지이다. 누군가가 "아, 이런 내용이구나"라고 이해했다면, 핵심 메시지가 잘 전달되었다고 볼 수 있다. 반면 콘텐츠를 다 읽고도 "그래서 뭐가 어쨌다는 건데"라고 말한다면, 그 콘텐츠는 메시지를 효과적으로 전달하지 못한 콘텐츠이다. 아마 그조차도 깨닫기 전에 소비자는 콘텐츠를 이미 떠났을 테지만.

예를 들어 안정적인 서포트, 가벼운 무게, 한국인 체형 1만 건 분

| 그림 8. 핵심 메시지가 드러나는 상세페이지 예시 |

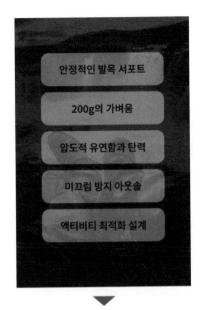

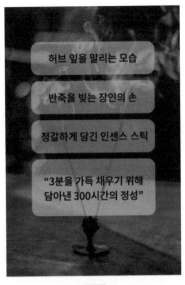

"가볍고 편한 등산화"　　**"장인이 만든 향"**

석 등 신발에 대한 여러 정보는 모두 '한국인에게 최적화되어 가볍고 편하다'라는 주제로 귀결된다. 이 상세페이지의 핵심 메시지, 소비자에게 들려주고 싶은 주제는 '한국인에게 최적화된, 가볍고 편한 등산화'가 되는 것이다.

굵직한 산세가 보이는 공방에서 허브 잎을 말리는 모습, 세월의 흔적이 보이는 손끝으로 반죽을 만지는 모습, 단단하게 완성된 인센스 스틱이 흰 천에 감겨 정갈하게 케이스 속으로 들어가는 모습, 그

아래에 배치된 "3분을 채우기 위해 담아낸 300시간의 정성"이라는 카피까지. 이 모든 요소와 소재를 담은 상세페이지는 '장인이 만든 깊은 휴식의 향'이라는 핵심 메시지로 연결된다.

상세페이지에서의 핵심 메시지는 판매자가 의도적으로 심어놓은 '교훈'이다. 셀링 포인트가 우연히 내 제품을 발견한 사람들에게 말을 걸기 위한 소재라면, 상세페이지는 제품의 여러가지 셀링 포인트들이 모여 완성하는 하나의 결론이자 주제이다.

핵심 메시지는 콘텐츠 내 메인 카피로 직접 드러나기도 하지만, 꼭 직접 노출되지는 않아도 된다. 교훈이 담긴 동화에서 "욕심을 부리면 안됩니다"라는 교훈이 문장 형태로 꼭 등장하는 것은 아니다. 하지만 동화를 끝까지 다 읽어낸 사람은 동화에서 어떤 주제를 말하고자 하는지 이해할 수 있다. 상세페이지도 마찬가지다. 콘텐츠 안에 담아낸 소재들이 하나의 주제로 모이도록 만들어 내는 것이 관건이다.

스타트업계에는 '엘리베이터 피치elevator pitch'라는 말이 있다. 엘리베이터 피치는 엘리베이터 안에서 중요한 사람을 처음 만났을 때, 짧은 시간 안에 나를 소개하는 짧고 강렬한 자기소개를 말한다. 빠른 시간 안에 투자자를 사로잡는 소개 연설, 빠르게 내 제품이나 사업 모델을 소개하는 한 문장으로 통한다.

여기서 핵심은 엘리베이터가 움직이는 20초에서 최대 1분 안에 상대방의 마음을 사로잡는 것에 있다. 나를 제대로 알리려면 내가 누구이고, 어디 출신이고, 무엇을 좋아하는지 등을 설명하느라 꽤 오랜 시간이 걸린다. 하지만 20초 안에 나를 소개하려면 이 모든 것을 함축한 한마디의 자기소개가 필요하다. 예를 들어 엘리베이터에서 우연히 만난 광고 회사 대표에게 빠르게 나를 채용해 달라고 어필해야 하는 상황이 생겼다고 가정해 보자.

"저는 대학 학부로 인류학을 전공했고, 석사 학위로는 문화유산학을 받았습니다. 졸업 후에는 전공과 관련된 계열의 스타트업 브랜드에 근무하면서 상품 기획부터 브랜딩, 콘텐츠 기획을 담당하게 되었고, 콘텐츠적 역량을 살려 크라우드펀딩 기업의 콘텐츠 디렉터로 이직하게 되었습니다. 제품을 소개하는 상세페이지를 매달 수백 개씩 접하면서, 소비자들에게 잘 팔리는 콘텐츠가 무엇인지 알아가게 되었습니다. 이를 터득하고 적용하니 제품의 매출도 크게 올라 억대 매출을 내는 콘텐츠 작업도 하게 되었습니다. 정말 뜻깊은 경험이었죠. 현재까지도 콘텐츠 기획자로서 제품과 서비스 소비자에게 효과적으로 콘텐츠를 전달할 수 있도록 공부하고 노력하는 중입니다. 이 경험을 적용해 볼 수 있는 기회가 생긴다면 도전해 보고 싶습니다. 콘텐츠 작업이 필요한 상황이 생기면 연락 주세요."

이렇게 길고 긴 소개는 적절하지 않다.

"저는 n년차 콘텐츠 기획자입니다. 스몰 브랜드부터 억대 매출을 냈던 콘텐츠까지 다양한 상세페이지를 작업했습니다. 잘 팔리는 콘텐츠가 필요하시면 저에게 연락 주세요."

이렇게 짧은 자기소개 한 방이 더 강력한 것이다.

내 콘텐츠의 핵심 메시지를 찾는 가장 쉬운 방법은 질문을 던져보는 것이다. 먼저 누군가 "이 제품은 어떤 거예요?" 하고 물었을 때 대답할 말을 떠올려보자. 이때 소비자와 대화 나눌 수 있는 시간이 10분, 5분, 1분, 10초로 제한되어 있다고 가정하는 것이 중요하다. 이 시간 안에 나를 가장 정확히, 제대로 보여주기 위해 던질 언어를 찾아야 한다.

'그냥 셀링 포인트 잘 설명하면 되는거 아니야?'라고 쉽게 생각할 수 있다. 그동안 핵심 메시지를 딱히 고려하지 않고 상세페이지를 만들어온 사람들에게는 '굳이 해야할까 싶은' 불필요한 사족으로 느껴질 수도 있다. 하지만 핵심 메시지는 보이지 않는 곳에서 어쩌면 가장 중요한 역할을 한다.

핵심 메시지는 콘텐츠에 내가 찾는 사람들이 모이도록 도와준다. 영화나 소설은 읽는 사람에 따라 주제와 해석이 조금씩 달라지지만, 상세페이지는 아니다. '구매'라는 정확한 목적이 있는 글이다. 그러기 위해서는 만드는 사람이 의도한 메시지가 정확하게 전달되는 것이 중요하다. 명확한 핵심 메시지가 있어야 내가 원하는 타깃 고객을 끌어들일 수 있고, 내가 정한 셀링 포인트를 팔 수 있기 때문이다. 콘텐츠를 읽는 전국 소비자들의 머릿속에 같은 메시지를 전달하는 것을 목표로 삼아야 한다.

또한 핵심 메시지는 콘텐츠에 몰입할 수 있게 도와주기도 한다. 우리의 뇌는 많은 정보가 한 번에 쏟아지는 것을 싫어한다. 우연히 상세페이지를 방문한 3초 남짓한 시간에 너무 많은 주제를 쏟아내면 정신 없을 것이다. 열 가지 주제 중 단 한 가지도 제대로 기억에 남지 않고, '그래서 하고 싶은 말이 뭐지?' 하는 의문만 머릿속에 남는다. 고객이 무언가 잔뜩 읽긴 했는데 머릿속에 들어오는 것이 아무것도 없다면 제품의 핵심을 파악할 수 없다. 제품의 핵심을 알 수 없으니, 구매로 이어지기도 힘들 것이다. 반면 딱 한 가지 주제에 집중한 상세페이지는 하고 싶은 말이 뭔지 확실하게 알 수 있다. 짧게 머물러도, 더 강력하게 메시지를 기억하게 된다.

소비자가 상세페이지에 머물며 제품을 살펴보는 시간은 굉장히 짧다. 여기저기 눌러보고, 아니다 싶으면 빠르게 뒤로가기를 누른다. 처음부터 꼼꼼하게 모든 내용을 읽지 않고 스크롤을 쭉쭉 내리며 내용을 둘러본다.

콘텐츠마다 차이는 있지만, 대부분 1분이 채 안 되는 시간을 체류한다고 한다. 3초 이내로 이탈하는 사람도 굉장히 많다. 이 짧은 시간에 제품을 빠르게 각인시키려면 핵심 메시지가 필요하다. 이때 핵심 메시지가 없으면 자극적인 최저가, 할인 등을 강조하며 소비자를 반짝 유입하려는 유혹에 쉽게 빠진다. 즉각적인 효과가 나고 무엇보다도 쉽기 때문이다. 하지만 앞서 말했듯 이는 지속가능한 마케팅 방법이 아니다. 소비자가 내 제품을 더 빠르게 인지하고 더 오래 기억하려면, 집중할 수 있는 하나의 메시지가 필요하다.

머릿속에 각인된 주제는 두루뭉술하게 떠다니는 여러 내용보다 오래 기억에 남아, 소비자가 언제든 돌아올 수 있게 만드는 이정표 역할을 해준다. 당장은 제품을 구매하지 않고 뒤로가기를 누르더라도, 필요한 순간이 왔을 때 내 제품을 기억한다면 빠르게 다시 돌아올 수 있다. 주머니도 많고, 초경량이라 가볍고, 도난 알림 센서 기능도 있고, 두루두루 괜찮은 제품은 기억에서 잊혀지기 쉽지만, '낯선 손길이 다가오면 울리는 가방'은 소매치기가 많은 지역을 여행할 때 가장 먼저 생각나는 제품이 될 수 있는 것처럼 말이다. 핵심 메시지가 있어야 더 오래 기억되고, 오래 살아남을 수 있다.

브랜딩은 예쁜 로고
만들기가 아니다

　　　　　　스몰 브랜드를 운영하는 대표님이라면 "브랜딩이 중요하다"라는 말을 질리도록 들어봤을 것이다. 나이키, 애플, 샤넬 같은 글로벌 브랜드의 브랜딩 사례를 보며 브랜드가 주는 파워에 감탄한 적도, 그 브랜딩의 마법을 내 제품에도 적용해 보려고 관련 서적을 뒤적였던 경험도 있을 것이다. 브랜딩은 막연하면서도 경이로운 마법과 같은 단어라서, 잘 팔리지 않는 제품에 금방 날개를 달아줄 만능 솔루션으로 여겨지기도 한다. 특히 패션 잡화나 화장품 브랜드, 향수 브랜드 등 제품의 기능 그 자체보다 감성으로 판매하는 제품을 준비 중이라면 제품 개발보다 브랜드 구축에 더 큰 시간과 비용을 쏟기도 한다.

　　스몰 브랜드에서 브랜딩을 결심하고 가장 먼저 하는 일은 바로 브랜드 이름 짓기다. 짧게는 며칠, 길게는 몇 주간 팀원들과 고민해 브랜드 이름을 결정했다면 디자이너를 찾아 BI[Brand Identity][2] 디자인을 의뢰한다. 그리고는 로고 하나 만드는 데 꽤나 비싸다는 생각과 함께 로고 이미지가 담긴 파일을 전달 받는다. 이 로고는 제품 패키징뿐 아니라 온라인 마케팅 시 다양한 곳에 사용된다. 자사몰에도

2　브랜드 이미지를 정착하기 쉽게 시각적으로 표현하는 것으로, 구체적인 방법으로는 상품 브랜드의 마크·로고·색상 등을 말한다.

올라가고, 내 제품의 상세페이지까지 장식한다.

완성된 로고 파일과 함께, 내 브랜드에 사용할 수 있는 컬러와 로고 가이드가 담긴 PDF 파일을 받은 후, 그 로고를 여기저기 붙이는 일로 대부분 스몰 브랜드의 브랜딩이 마무리된다. 남들이 중요하다고 해서 돈 들여 하긴 했는데, 딱히 왜 필요한지는 모른 채 말이다. 브랜딩이 제대로 쓰이지 못하고, '브랜딩은 돈이 많이 든다'라는 생각만 남게 된다.

실제로 많은 사람들이 브랜딩이라 하면 비주얼적인 것들을 떠올린다. 회사의 로고, 키컬러, 패키징 등이 대표적이다. 어찌 보면 당연하다. 네이버 지식백과에 따르면 브랜드의 정의는 "자신의 상품이나 서비스를 다른 판매자들의 상품이나 서비스로부터 분명하게 구분 짓기 위한 이름이나 용어, 디자인, 상징 또는 기타 다른 요소"의 총합이기 때문이다. 브랜드가 추구하는 가치나 목적, 활동 등을 의식적으로 통일하여 일관된 개성을 만들어 내고, '이런 분위기라면 이 브랜드일 것이다' 하는 시각적인 상징성과 신뢰성을 주는 것이 바로 브랜딩이다.

하지만 로고 만들기가 브랜딩의 전부라고 생각했다면 큰 오산이다. 브랜드에 대한 이해가 깊지 않은 브랜드일수록, 로고가 가져다 주는 힘이 크다는 착각에 빠지기 쉽다. 로고보다 더 중요한 건, 그

안에 담긴 메시지와 감정이다. 사람으로 따지면 브랜딩은 어떤 사람의 성격과 외모, 이 사람의 성향을 담은 말투, 취향, 옷 스타일 등을 정하는 일이다. '그 사람은 어떤 사람이야?'라는 말에 대답할 때, 어떤 옷을 입는지 뿐만 아니라 다양한 외적·내적 요소들이 포함되는 것과 같다.

내 브랜드가 사람이라면

로고 파일은 받았는데 앞으로 어떻게 브랜딩을 해야 하는 건지 모르겠다면, 브랜딩이라는 단어가 너무 거창하고 어마어마하게 들려 엄두가 나지 않았다면 '내 브랜드가 사람이라면?'이라는 관점에서 출발해 보는 것을 추천한다.

우선 어떻게 기억되고 싶은지 생각해 보자. 브랜드는 사람들의 머릿속에 감정과 분위기를 남기는 것이다. 분위기는 단순히 찰나의 감각이 아니라 일관성에서 만들어진다. 단지 힙한 액세서리 하나 걸치고 하루 외출한다고 힙한 사람이 되지 않는다. 이를테면 잘 알려지지 않은 LP바에서 힙한 음악을 듣는 취미와 트렌디하면서 개성 있는 스타일로 코디할 수 있는 안목이 있어야 주변인들에게 '좀 힙한 친구'로 알려질 수 있다. 5년 전부터 그 취향이 변함없었다면 그 타이틀을 획득하기 더 쉬울 것이다. 반면 취향이 이랬다저랬다 하던 사람은 '힙한 친구'로 기억되기 어렵다.

이처럼 내가 추구하는 스타일을 꾸준히 보여주는 것은 브랜딩의 핵심이다. 이를 위해서는 내가 어떤 스타일을 추구하는지 명확히게 알아야 한다. 내 브랜드가 사람이라고 가정하고, 이 사람이 추구하는 가치와 성격, 취향 등을 결정하며 가상의 인물을 그려보자. 사람들이 기억해 주었으면 하는 하나의 이미지를 계속해서 추구해 나가야 한다.

하나의 이미지는 곧 하나의 메시지와도 직결된다. 사람들이 기억해 주었으면 하는 나에 대한 한 문장, 내가 전달하고 싶은 하나의 메시지를 찾아보자. 익숙하게 느껴졌다면 정답이다. 바로 앞선 챕터에서 말한 '핵심 메시지'가 브랜딩에도 필요하다.

브랜드는 고객과 나누는 대화, 고객들이 발견할 콘텐츠에도 묻어나야 한다. 무작정 콘텐츠 가장 첫 부분에 브랜드 로고를 넣기 전, 사람들이 어떤 감정, 어떤 형용사를 기억했으면 하는지 먼저 생각하자. 로고를 보여주는 일보다 그 감정을 전하는 일이 먼저다.

그 다음으로는 그렇게 되기 위해서 어떻게 행동해야 할지 생각해보자. 브랜드의 핵심 메시지를 시각적인 요소를 활용해 어떻게 표현할지 결정하는 것이다. 내가 전하고자 하는 메시지를 색, 이미지, 폰트 등으로 나타내면 된다. 콘텐츠의 색, 이미지, 폰트, 문체 등… 그때그때의 내 감각에 의존하지 말고, 일관된 메시지와 분위기를 전하는 것에 집중해야 한다.

고작 로고가 보이는 제품 사진 하나뿐인 글로벌 브랜드의 상세페이지에서 판매가 이루어지는 이유는 이들의 로고 속에는 이미 수십 년간 쌓여온 메시지가 농축되어 있기 때문이다. 이미 너무 잘 알려져 있어서 굳이 설명하지 않을 뿐이다. 우리는 아직 브랜드가 충분히 갖춰진 나이키, 애플, 샤넬이 아니다. 그런 브랜드로 성장하려는 시작 단계의 브랜드다.

브랜드 파워가 없다면 소비자는 제품 사진, 로고 하나로 우리 제품에 관심을 가져주지 않을 것이다. 그렇기 때문에 핵심 메시지를 적극 활용하여 소비자들이 내 제품을, 내 브랜드를 기억하도록 부단히 노력해야 한다.

브랜드는 한순간에 뚝딱하고 제작할 수 있는 것이 아니라 꾸준히 키워나가는 것이다. 사람의 말투나 취향이 담긴 '나 다움'이 하루아침에 만들어지지 않듯, 브랜드도 계속 말하고 행동하며 '브랜드 다움'을 구축해 나가야 한다. 사람들이 내 브랜드를 알아보고, 기억하고, 돌아오게 만드는 것이 진짜 브랜딩이자, 스몰 브랜드가 목표해야 할 브랜딩이다. 예쁜 로고는 그저 거들 뿐이다.

PART

02

발견되는 콘텐츠

06 발견의 공간, 상세페이지

잘 팔리는
상세페이지의 비밀

한 행인이 길을 걷다가 가게 쇼윈도를 보고 발길을 멈췄다. 마음에 쏙 드는 한 제품을 발견한 것이다. 한번 들어가서 구경해 보고 싶은 충동이 일어 손잡이를 힘껏 밀고 가게 안으로 들어간다. 행인은 이제 고객이 되어 공간을 활보한다. '내가 밖에서 봤던 가방은 어디있지?' 하며 가게 안을 찬찬히 둘러본다.

가게에 고객이 흥미를 가질 만한 물건들로 가득하거나 점원이 혹하는 멘트로 고객의 관심을 끈다면 고객은 가게 안에 더 오래 머물게 된다. 밖에서 본 제품뿐 아니라 다양한 물건들로 장바구니를 채울 수도 있고, 열심히 응대해 준 점원에게 미안한 마음이 들어서라도 무언가 구매해서 나올 수도 있다. 반면 들어선 순간 '아, 괜히 들어왔다'는 생각이 들 만큼 내 취향이 아닌 다른 것들만 보인다면 서둘러 나오게 된다. 그냥 한 번 구경이나 해 볼까 하는 마음으로 들어왔다면 높은 확률로 번거로이 소통하지 않고 조용히 퇴장할 것이다.

오프라인 매장에서나 일어날 일 같지만 사실 이 모든 건 온라인 공간, 상세페이지에서도 똑같이 일어난다. 상세페이지는 판매 페이지, 상세 이미지, 스토리, 제품 설명 페이지 등 다양한 이름으로 불리는, 온라인 판매에 입문했다면 반드시 마주하게 되는 콘텐츠이다. 제품의 이미지와 함께 구매를 위해 필요한 상세 정보를 담고 있어 분량이 긴 것이 특징이다. 상세페이지는 온라인 판매, 온라인 마케팅에 관련된 무수히 많은 콘텐츠(예를 들면 SNS 게시물, 동영상 광고, 쇼핑몰 광고 배너, 광고 이메일 등) 중에서 유일하게 구매 버튼과 직접적으로 연결된 페이지이기도 하다. 가게라는 공간이 소비자가 지갑을 열고 돈을 쓰는 현장이었던 것처럼, 상세페이지는 구매 버튼이 눌리는 결정적인 공간이자 구매의 마지막 관문이다.

장사 잘 되는 가게에는 두 가지 조건이 있다. 첫째는 많은 방문객, 둘째는 방문객들의 높은 구매 비율이다. 상세페이지 역시 이 두 가지 조건을 충족해야 '잘 팔리는' 상세페이지가 될 수 있다. 고객들이 가게를 방문하는 것은 '유입'이다. **누군가가 내 제품 링크를 클릭해 페이지를 조회하는 순간을 유입이라고 한다.** 유입은 가게 외부에 있는 것들에 의해 결정된다. 가게 밖 쇼윈도나 간판의 디자인, 100미터 전부터 보이는 가게 전광판, 지역 신문에 실린 광고 등을 통해 고객들은 가게에 관심을 가지게 된다. 온라인에서도 마찬가지로 상세페이지 외부에 보여지는 것들, 예컨대 광고 배너, SNS 게시물, 검색했을 때 나오는 링크의 이미지 등이 유입을 결정한다.

유입을 만들었다면 이제 사람들이 카운터에 와서 지갑을 열고 결제하도록 만들어야 한다. **유입된 사람들이 구매하는 것을 '전환'이라고 한다.** 오프라인에서는 가게의 분위기, 점원의 태도, 직접 살펴본 물건의 품질 등 가게 안에서 경험하는 모든 것들이 구매 여부를 결정한다. 이처럼 온라인 상세페이지에 들어와 보게 되는 것들이 모두 구매 결정에 영향을 미친다. **전환의 반대 개념이자 마케터와 콘텐츠 기획자들이 가장 피하고 싶어 하는 현상은 '이탈'이다.** 상세페이지에 유입된 소비자가 구매 없이 뒤로가기를 누르는 것을 말한다. 이탈이 많다는 것은 그만큼 전환이 제대로 일어나지 않는다는 뜻이기도 하다.

유입은 외부 활동으로 확대할 수 있지만, 전환과 이탈은 오롯이 가게 안의 경험에 의해 결정된다. 아무리 멋진 광고를 보고 들어왔어도 그곳에서 만난 사람, 직접 본 제품이 마음에 들지 않으면 구매는 일어나지 않는다.

높은 전환은 높은 유입만큼이나 중요하다. 특히 외부 광고에 거

액을 투자하기 어려운 스몰 브랜드일수록, 우연히 들어온 사람들이 빈 손으로 이탈하지 않도록 붙잡는 일이 더더욱 중요해진다. 많이 노출되지 않아도, 유동인구 대비 방문객 비율이 높으면 된다. 많이 방문하지 않아도, 방문객 대비 구매자 비율이 높으면 된다. 절대적인 유입량이 낮으면 정확한 유입을 만들어 전환을 높이는 전략이 필요하다.

내 제품에 꼭 맞는 목표 고객을 정확하게 알수록 유입의 정확도도 높아진다. 누가 유입될지 안다면 전환을 위한 세일즈 전략을 세우는 것도 쉬워진다. Part 1에서 살펴 보았던 것처럼, 누구에게 팔 것인지 알면 제품의 어떤 점을 먼저 어필할지, 어떤 말투로 말을 걸지 파악할 수 있기 때문이다. 목표 고객이 평소에 필요했던 것과 불편했던 것을 알면, 그 사람이 관심 있게 보고 살 만한 물건을 계속해서 보여 줄 수 있다. 애초에 가게를 해당 고객의 취향에 맞게 꾸며놓고, 고객이 자연스럽게 여기저기 둘러보도록 말이다.

유입된 소비자가 이탈하지 않고 최대한 오래 머무르게 만드는 것도 중요하다. 오래 머무르면 제품을 살 확률도 높아진다. 소비자가 상세페이지를 오래, 자세히 읽을수록 제품에 대해 어필할 기회가 늘어나기 때문이다. 발견형 소비자는 애초에 구매하기를 누를 목적으로 페이지에 들어오지 않는다. 그렇기 때문에 제품의 셀링 포인트를 하나라도 더 보여주고, 왜 필요한지 한 번이라도 더 설명해서 그들을 설득하는 일에 전력을 다해야 한다. 제품의 장점을 더 많이 읽어낸 소비자가, 그렇지 않은 소비자보다 구매할 확률이 높을 수밖에 없다.

사람들은 오랜 시간을 투자한 것에 무의식적으로 애정을 갖기도 하며, 시간을 낭비했다는 기분을 느끼고 싶지 않아 구매하기도 한다. 실제로 한 연구에 따르면 오프라인 매장에서 고객이 머물며 구경하는 시간이 길어질수록 구매량도 증가하는 경향을 보였다.[3] 그래서 업계에서는 고객의 매장 체류 시간을 높이기 위해 매장의 동선을 개선하는 등 고객을 더 오래 머물도록 하는 다양한 전략을 적용하고 있다.

상세페이지도 스크롤을 한 칸이라도 더 내려보게 만들기 위해서는 계속해서 흥미를 자극하고 관심을 끌어주어야 한다. 다만 흥미와 자극이라고 해서 단순히 시선을 강탈하는 유머 콘텐츠를 말하는 것은 아니다. 유머도 코드가 맞아야 웃긴 것처럼, 사람들이 '재밌다'고 느끼려면 기본적으로 공감에서 출발한 흥미 유발이 필요하다. 듣는 사람이 전혀 모르는 유행어를 쓰면 안 되는 것처럼 말이다. 읽어보고 싶은 상세페이지는 소비자가 관심 가질 만한 것들을 끊임없이

---

3 Inman, J., Winer, Russell, Ferraro, Rosellina, 〈The Interplay Among Category Characteristics, Customer Characteristics, and Customer Activities on In-Store Decision Making〉, Journal of Marketing, 2009

보여주고, 궁금해할 부분을 자꾸 자극하고, 머릿속에 떠다니는 크고 작은 의문점들을 효과적으로 해소해 주어야 한다. 소비자의 머릿속과 상세페이지의 '티키타카'는 소비자가 스크롤을 내려 다음 문장을 읽어 보게 만드는 원동력이 되어준다.

온라인 판매를 위해 상세페이지가 필수라는 것은 이미 익숙한 사실이다. 반면 상세페이지의 진짜 역할과 목표를 제대로 이해하고 준비하는 판매자는 많지 않다. 그동안 상세페이지를 단지 제품을 소개하기 위한 콘텐츠 정도로만 생각했다면, 오늘부터라도 무엇을 목표로 상세페이지를 만들어야 하는지 생각하며 제작해 보자. 그동안 온라인 매출이 저조해 속상해하고 있었다면, 내 상세페이지에 유입과

| 그림 9. '티키타카'가 잘 되는 상세페이지 흐름 |

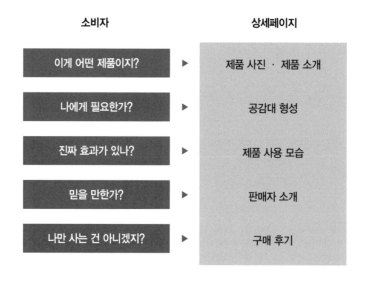

전환이라는 장치들이 충분히 갖춰져 있었는지 살펴보길 바란다.

상세페이지를 채우는
기본 요소들

상세페이지를 작성하려고 스마트스토어나 플랫폼의 편집기를 딱 열었을 때, 빈 화면이 눈 앞에 떠 있는 그 순간은 정말 막막하다. 어떤 문장부터 써야 할지, 어떤 것부터 준비해야 할지 감이 잡히지 않기 때문이다. 특히 온라인 판매가 처음이라 익숙하지 않을수록 막막함은 더 짙어진다. 오프라인 가게에는 일단 뭐라도 진열하면 되지만, 온라인은 다르다. 텅 빈 공간보다 때론 더 높은 산처럼 느껴지는 것이 바로 채워지길 기다리는 깨끗한 백지이니까. 백지를 무엇으로 채울지는 순전히 판매자인 우리의 자유이지만, 자유에는 고통이 따르는 법이다.

가게를 오픈하기 위해 반드시 준비해야 하는 것들이 있다. 사람들이 보고 들어올 간판, 판매하는 물건을 보여주는 진열대, 진열대 앞에 쓰여진 가격표, 궁금한 걸 물어볼 수 있는 점원 등 가게가 정상적으로 운영되기 위해 필요한 기본적인 요소들이다. 가게 사장님의 취향에 따라 간판 없는 집이 될 수도 있고, 점원 대신 키오스크를 둘 수도 있지만, 소비자들에게 익숙한 가게다운 모습을 하려면 준비되어야 하는 것들이기도 하다. 상세페이지 역시 상세페이지다운 모습을 하기 위해 기본적으로 필요한 요소들이 있다. 상세페이지를 본격적으로 채워 나가기에 앞서, 기본 요소를 이해해 두는 것이 좋다. 그래야 어떻게 활용할지도 그려볼 수 있을 테니 말이다.

썸네일

먼저 상세페이지의 대표 사진과 함께 노출되는 제목 및 제품명은 페이지에 들어오기 전부터 외부에 보여지는 유입 요소이다. 이 두 가지는 썸네일thumbnail 이라는 명칭으로 더 익숙하게 알려져 있기도 하다.

썸네일은 상세페이지의 유입을 담당하는 핵심 구성 요소이다. 오프라인 매장으로 치면 간판이나 쇼윈도 같은 역할을 한다. 길을 지나가던 사람이 우연히 간판을 보고 가게에 들어오듯, 발견형 소비자들도 제목과 썸네일을 보고, 궁금하면 상세페이지에 들어온다. 이처럼 썸네일은 소비자가 상세페이지를 읽지 않은 상태에서 제품을 발견하고, 핵심적인 셀링 포인트를 캐치할 수 있게 노출시키는 역할을 한다.

이미지

상세페이지 밖에 썸네일이 있다면, 상세페이지 내부에는 '이미지'가 있다. 이미지는 상세페이지 속에서 제품에 대한 정보를 직관적으로 전달하는 역할을 한다. 상세페이지 상단에서는 유입된 소비자들

| 그림 10. 대표 사진(썸네일) 예시 |

빈티지 벨벳 스툴
60년대 시카고 위스키 바의 품격과 안락함을 담은 하이 스툴

110,000
30% 77,000원

♡ 1270   ⬜ 19

얼려 먹는 딸기 스무디 300ml x 5개입
베리베리푸드 베스트셀러

18,000
15% 15,300원

♡ 1880   ⬜ 10

이 스크롤을 내리도록 유도하고, 상세페이지 중반부에서는 제품에 대한 정확한 정보를 안내하여 소비자의 이해를 돕는다. 제품의 실물을 보여주고, 분위기를 전하고, 글로만 이루어져 있으면 잘 이해되지 않는 설명을 돕기도 한다. 이미지 요소에는 사진, 영상, 디자인된 일러스트, 소위 움짤이라고 부르는 GIF 등의 시각 요소가 모두 해당된다. 텍스트 없는 상세페이지는 존재할 수도 있지만, 이미지 없는 상세페이지는 상상하기 어렵다. 제품이 무엇인지 보여주지 않고서 말로만, 텍스트로만 고객을 설득해서 판매하는 것은 사실상 불가능에 가깝기 때문이다.

이미지는 페이지의 매력도를 결정하는 역할까지 담당한다는 점에서 굉장히 중요하다. 아무리 좋은 카피가 작성되어 있어도 사진 화질이 떨어지거나 비율이 심하게 깨져 있으면 상세페이지와 제품의 매력도까지 뚝 떨어지기 마련이다. 그렇기 때문에 사진과 같은 이미지 요소는 종종 전문가의 손길을 필요로 하고, 많은 비용이 들기도 한다. 이런 이유로 상세페이지의 이미지 준비는 스몰 브랜드들이 가장 많이 어려움을 느끼는 부분이기도 하다.

텍스트

이미지가 있다면 글(텍스트)도 반드시 필요하다. 텍스트는 상세페이지의 목소리이다. 원하는 소비자를 불러서 그들이 내 제품을 발견하도록 하려면 잘 들리는 목소리가 꼭 있어야 한다. 텍스트는 배치된 위치나 크기, 내용에 따라 '헤드head 카피 - 서브sub 카피 - 설명 텍스트'로 분류된다.

상세페이지 속에서 가장 큰 글씨로, 짧고 굵게 메시지를 던지는 문장들을 '헤드 카피'라고 부른다. 본격적인 상세 설명이 등장하기 전, 소비자의 시선을 집중시키고 제품의 핵심 셀링 포인트를 전달하는 역할을 한다. 뉴스 기사의 헤드라인을 떠올리면 쉽다. 본격적인 설명이 나오기 전에 큰 텍스트로 눈에 띄게 작성한 문구이다. 헤드 카피는 키워드 중심의 짧은 문장이나 명사형 문구로 작성하는 것이 일반적이다. 헤드 카피는 읽는 글이 아니라 보는 글에 가깝다. 텍스트로 이루어졌지만 폰트 종류나 색상에 따라 상세페이지의 분위기

너, 내 소비자가 돼라

| 그림 11 |

에 영향을 주는 디자인 요소가 되기도 한다.

　헤드 카피보다 작은 폰트로 들어가는 설명 텍스트도 중요한 구성 요소 중 하나이다. 헤드 카피에서 특징을 요약하고 호기심을 자극했다면, 설명 텍스트 구간에서는 특징을 서술형의 문장으로 조금 더 자세히 소개한다. 이미지와 헤드 카피의 조합만으로는 제품에 대한 설명이 부족할 때, 추가적인 정보를 전달함으로서 상세페이지가 완성된다.

상세페이지 구성의 규칙

상세페이지 구성 요소를 활용하는 데 있어 정답은 없지만, 대체적으로 '잘 통하는' 공식은 있다. 잘 팔리는 상세페이지는 대개 이미지-헤드 카피-설명 텍스트가 교차 등장하는 형식으로 구성된다. 한 가지 요소만 연달아 나오지 않고, 규칙적인 순서로 이미지와 글이 조화롭게 배치된다.

등장하는 이미지의 사이즈나, 반복적으로 등장하는 구성 텍스트의 폰트, 사이즈, 색, 정렬 등을 정해 놓고 따르면 더 효과적이다. 사소한 부분 같지만 구성 텍스트의 일정한 규칙은 상세페이지 체류 시간을 늘리는 데 큰 도움을 준다. 규칙적으로 단락이 분리된 상세페이지 콘텐츠는 그렇지 않은 콘텐츠보다 이탈율이 낮고, 상세페이지 최하단 도달률이 높다. 사람들이 콘텐츠를 끝까지 읽을 확률이 더 높아지는 것이다.

통일된 규칙은 제품의 정보도 더 효과적으로 전달한다. 헤드 카피의 양식이나 디자인이 각기 다르다면 고객은 어디까지가 헤드 카피인지 구분하기 어렵다. 카피 문구의 크기나 굵기, 색상 등에 규칙을 부여할 때 고객들은 비로소 제품의 설명과 상세페이지 내용에 집중할 수 있게 된다. 이렇게 정한 상세페이지의 규칙은 내 제품, 내 브랜드만의 디자인 템플릿이 될 수도 있다.

| 그림 12 |

01.
요가, 피트니스, 러닝까지
탄탄한 미디엄 서포트

신소재 에어원사의 얇은 두께감으로 퍼포먼스를 방해하지
않는 유연함과 탄력으로 운동 효율을 높여줍니다. 중간
단계의 미디엄 서포트로 실내 운동 및 가벼운 강도의
실외 액티비티에 적합합니다.

① 번호: 왼쪽 정렬

② 헤드 카피: 왼쪽 정렬
45pt / 최대 2줄

③ 설명 텍스트: 양쪽 맞춤 20pt

④ 이미지: 본문 하단

| 그림 13. 규칙이 없을 때 |

무중력 침낭의 무한한 포근함과 가벼움의 비밀은 다운의 높은 필 파워
(fill power, 다운의 부풀어 오르는 힘, 복원력을 말합니다. 고성능 기능
성 아웃도어 제품의 경우 700-900㎤/g 정도의 필 파워를 보입니다.)에
있습니다. 다운 소재는 두께 대비 보온력이 가장 높은 소재 중 하나로,
다운 사이에 공기층이 형성되어 가벼운 무게에 비해 풍성한 부피감이
완성됩니다.

이번 제품인 '무중력 침낭'은 필 파워 850㎤/g으로, 기능성 아웃도어에
준하는 높은 수치로 제작하였습니다. 소재의 뛰어난 회복력과 탄력성
으로, 압축 후에도 충전재의 원형이 변형되지 않습니다. 백팩에 쏙 들어
가는 크기로 밀착 압축되었다가도 캠핑장에서 펼치면 무중력을 느낄
수 있는 푹신한 침낭으로 빠르게 복원됩니다.

| 그림 14. 규칙이 있을 때 |

무한한 포근함을 선사하는
초경량 '무중력 침낭'

• 두께 대비 높은 보온력, 100% 다운 침낭
• 기능성 아웃도어에 준하는 높은 필 파워(850㎤/g)
• 빠른 형태 복원력으로, 작게 압축하여 가방에 쏙
• 충전재 원형 변형 없이 오래 사용하는 회복력

*필 파워(fill power)란?
다운의 부풀어 오르는 힘, 복원력을 말합니다. 고성능 기능성 아웃도어 제품의 경우
700-900㎤/g 정도의 필 파워를 보입니다.

SNS에서 소비되는 짧은 콘텐츠들과는 달리 상세페이지는 긴 호흡의 콘텐츠이다. 이때 통일된 규칙이 있다면, 소비자는 어떤 구간의 어떤 단락에 가서 원하는 정보를 읽어낼 수 있는지 쉽게 알 수 있다. 예를 들어 구성 텍스트에 규칙이 잘 적용된 상세페이지라면 제품의 다섯 가지 셀링 포인트를 소개하는 헤드 카피가 모두 파란색 배경에 흰 글씨, 45pt, Noto Sans KR BOLD 폰트, 가운데 정렬로 작성되어 있을 것이다. 소비자가 제품 특징 다섯 가지 중 다섯 번째 특징을 보고 싶어하는 경우, 쭉 스크롤을 내려 다섯 번째 파란 배경에 헤드 카피가 나오는 구간을 찾아 시선을 멈출 수 있다. 상세페이지의 모든 내용을 꼼꼼히 읽지 않아도 원하는 정보에 빠르게 도달할 수 있는 것이다. 반면 규칙이 없다면 다섯 번째 특징이 어디 나오는지 찾기 위해 긴 상세페이지의 텍스트들을 하나하나 읽다가 포기하고 이탈하게 된다.

통일, 규칙은 디자인의 기본 원리 중 하나이다. 여러 요소들이 규칙적으로 반복되거나 조화롭게 결합되어 있는 모습, 시각적인 통일감은 질서와 안정감을 만들어 준다. 안정감은 곧 신뢰와도 연결된다. 디자인적으로 깔끔하고 안정감 있게 디자인되어 있으면 잘 관리되고 있다는 인상을 주기 때문이다. 제대로 된 제품을 보내줄 것이라고 느끼고, 고객센터도 연락이 잘 될 것 같아 안심할 수 있다는 인상까지 받는다. 지저분하게 물건이 쌓여 있는 구멍가게와, 단정하게 정돈되고 매대마다 깔끔한 폰트로 가격이 붙어있는 가게 중 어떤 곳

너, 내 소비자가 돼라

이 더 신뢰를 주는지, 어떤 곳에서 교환·환불이 더 편할 것 같은지 생각해 보면 쉽게 이해할 수 있다.

물론 모든 상세페이지가 획일된 구조를 가져야 하는 것은 아니다. 원한다면 텍스트, 사진, 영상 등 그 어떤 미디어를 사용해서 만들어도 괜찮다. 실제로 카피 문구 한 줄, 영상 하나로 물건을 파는 상세페이지들이 존재하기도 한다. 상세페이지는 구성 요소들을 어떻게 배치하느냐, 어떤 비중으로 넣느냐에 따라 다양한 모습이 가능하다.

하지만 소비자들이 물건을 살 수 있는 곳으로 인식해야 매출도 나기 마련이다. 무조건 예쁘게 준비하는 것보다, 목적과 용도에 맞게 구성 요소를 배치하는 것이 더 중요하다. 아직 인지도가 높지 않은 브랜드이거나 발견형 소비를 공략하는 상세페이지라면 구성 요소의 규칙으로 인한 효과를 더 톡톡히 볼 수 있을 것이라 믿는다. **상세페이지는 나의 자아를 표현하는 예술의 장이 아닌, 구매 전환을 목표로 정보를 전달하는 전략의 장인 것을 기억하자.**

발견을 위한 상세페이지
3단 구조

지금까지 발견형 소비자를 위한 상세페이지가 무엇인지, 어떤 목표를 가지고 운영되어야 하는지, 어떤 요소들로 채워져야 하는지 알아보았다. 이제 마지막으로 이 요소들을 어떤 순서로 배치해야 하는지 알아볼 차례이다.

상세페이지는 크게 오프닝(서론) - 본론 - 클로징(결론)의 3단 구조를 가지고 있다. 상세페이지 상단에 먼저 나와야 매출을 만들 수 있는 내용이 있는 반면, 하단에 들어가면 좋은 내용도 있다.

| 그림 15 |

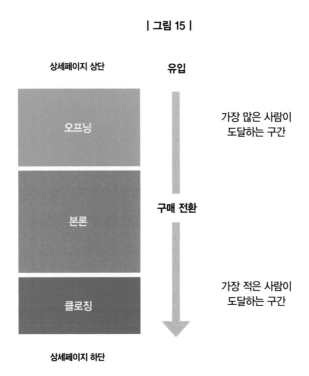

너, 내 소비자가 돼라

오프닝

상세페이지의 오프닝(서론)은 유입된 고객들이 가장 먼저 보게 되는 페이지 최상단의 콘텐츠를 말한다. 정확히 몇 픽셀까지, 혹은 딱 어떤 구간까지가 오프닝이라는 절대적인 기준이 있는 것은 아니다. 상세페이지 방문 후 스크롤 세 번 정도를 내릴 때까지 마주하는 콘텐츠라는 통상적인 기준만 있을 뿐이다. 사이트나 플랫폼에 따라, 상세페이지를 내리다보면 [더보기] 버튼과 함께 상세페이지가 접혀 있기도 한데, 이 경우에는 [더보기]를 누르기 전까지가 오프닝이라고 볼 수 있다. 여전히 잘 이해가 되지 않는다면, 지금 스마트폰으로 아무 쇼핑몰이나 접속해서 한 상세페이지의 가장 첫 부분부터 스크롤을 3~4번 내려보자. 오프닝의 길이감을 더 직접적으로 이해할 수 있을 것이다.

오프닝은 상세페이지 매출에 가장 직접적인 영향을 미치는 구간이라고 해도 과언이 아니다. 페이지에 들어오자마자 나오는 맨 위의 콘텐츠이다 보니, 상세페이지 전체 중 가장 많은 사람이 도달하는 구간이며 주목도 역시 높다.

오프닝은 단지 맨 앞에 나와서 중요한 게 아니라, 여기서 이탈을 결정하기 때문에 중요하다. 만약 페이지의 첫 인상이 고객의 관심을 끌지 못한다면 이런 반응이 나타날 것이다.

'나한테 딱히 필요 없는 것 같은데?'
'비슷한 거 많이 본 것 같은데, 어디 더 싼 거 없나?'
'광고에서 봤던 거랑 다르네.'

실제로 내 주변 대다수의 지인들은 상세페이지에 들어오자마자 상단에 들어간 대표 이미지를 좌우로 몇 번 넘겨보고 특별히 흥미를 느끼지 못하면 페이지를 바로 나가버린다. 가장 처음으로 보이는 이미지와 문구가 마음을 움직이지 않으면 상세페이지 콘텐츠를 읽어보지도 않는 것이다. 오프닝에서 고객들의 마음을 사로잡지 못하면, 제품을 판매할 기회를 잃게 된다. 100명이 내 페이지에 들어왔어도 오프닝에서 대거 이탈한다면 본론으로 도달하는 고객도, 구매 전환되는 고객도 줄어든다. 반면 나도 모르게 스크롤을 내려보게 되는 좋은 오프닝이 있다면, 같은 수의 유입이 있을 때 더 많은 사람들이 본론까지 도달할 수 있고, 제품의 매력이 담긴 정보를 더 많이 읽어볼 수 있다. 상세페이지 가장 상단에 들어간 내용이 페이지에서 만들어지는 매출까지 결정하는 것이다.

본론

서론이었던 오프닝이 끝나면 본론이 이어진다. 오프닝이 흥미와 관심을 담당했다면, 본론은 정보 전달과 신뢰 형성을 담당하는 구간이다. 본론에서는 셀링 포인트를 바탕으로 한 제품의 핵심적인 특징이 본격적으로 등장한다. 브랜드 소개, 제품의 기능, 사용 효과, 작용 원리, 개발 배경 및 비하인드 스토리, 시험 결과 등의 데이터, 고객 후기 등의 내용이 여기에 배치되곤 한다.

본론은 일반적으로 상세페이지에서 가장 많은 비중을 차지한다. 다양한 이미지와 자료들로 제품의 특징을 상세하게 설명하는 구간이기 때문이다. 여러 개의 제품 셀링 포인트를 소개하는 긴 분량의 콘텐츠인 만큼, 깔끔하게 정돈될수록 효과적이다. 앞서 설명했듯 '이미지 - 헤드 카피 - 설명 텍스트'에 규칙을 정해 놓으면 가장 이득을 볼 수 있는 구간이기도 하다. 헤드 카피에 번호를 달아, 깔끔하게 정리하는 방법도 추천한다.

본론을 작성할 때 반드시 기억해야 할 세 가지가 있다. **첫째는 헤드 카피와 이미지만 봐도 쉽게 이해할 수 있고, 빠르게 정보를 읽어 낼 수 있도록 작성하는 것이다.** 사람들이 본론의 모든 설명을 꼼꼼히 읽을 거라는 기대는 접어 두자. 운 좋게 오프닝 구간에서 본론 구간으로 스크롤을 내리게 만들었다 해도, 소비자는 언제든지 빛의 속도로 떠날 준비가 되어 있다. 이들이 빠른 스크롤로 페이지를 훑어 내려도 자연스럽게 메시지를 인지하도록 배치하는 것이 중요하다. 이를 위해서는 '1단락 1셀링 포인트'의 규칙을 최대한 지키는 것이 좋다. '이미지 - 헤드 카피 - 설명 텍스트'의 조합이 한 단락이라고 봤을 때, 한 단락 안에서는 하나의 셀링 포인트를 다루는 것이다. 같은 단락에 2개 이상의 셀링 포인트가 담기게 되면, 직관적이고 간결한 헤드 카피를 작성하는 일도, 이에 맞는 이미지를 배치하는 일도 어려워진다.

둘째는 단락의 개수이다. 핵심 셀링 포인트가 담긴 단락은 최대 8개를 넘기지 않는 것이 좋다. 제품군에 따라 변수는 있지만, 개인적으로는 5개 내외가 가장 임팩트 있고 설득력 있는 분량이라고 생각한다. 강조하고자 하는 내용이 너무 많으면 상세페이지 길이가 무한정 길어질뿐더러, 읽는 사람의 집중도가 떨어지는 역효과를 맞게 된다.

셋째는 단락의 순서이다. 오프닝을 통해 유입된 소비자들의 의식의 흐름에 따라 정보를 나열하는 것이다. 그들이 보고 싶어하는 정보가 적재적소에 등장하게 함으로써 상세페이지에 오래 체류하도록 유도해야 한다. 소비자와의 '티키타카'가 필요한 대목이다.

본론의 도입부에는 내가 공략하는 핵심 목표 고객들이 가장 기대하고 궁금해 할 내용이 등장해야 한다. 즉, 고객들의 구매 욕구를 강하게 자극할 핵심이 되는 셀링 포인트를 배치하는 것이다. 예를 들어 '초경량 등산 가방' 제품이면 제품의 초경량성을 만들어주는 특수 원단과 가벼운 무게를 본론에서 가장 먼저 소개하거나, '강력한 바람의 드라이기'라면 머리 말리는 속도 비교와 함께 드라이기에 탑재된 항공 모터에 대한 소개로 본론을 시작해볼 수 있다. 제품의 핵심 특징을 먼저 배치하면 오프닝에서 유입된 소비자들이 자연스럽게 빠져들 수 있고, 이탈 또한 방지할 수 있다.

본론의 후반부에는 셀링 포인트보다는 중요도가 낮지만, 제품의 완성도를 높이기 위해 도입한 차별점을 배치할 수 있다. 예컨대 등산 가방의 착용감을 더 안정적으로 하기 위해 추가한 어깨끈의 쿠션이나, 항공기 모터 드라이기를 더 쉽게 휴대할 수 있도록 준비한 '개별 파우치 증정'과 같은 내용이 있겠다. 제품의 기능성, 안정성을 위해 받았던 테스트나 인증서가 있다면 이 부분에 노출해도 좋다. 제품의 가장 핵심적인 특징은 아니지만 소비자에게 어필했을 때 구매 결정에 긍정적인 영향을 줄 수 있다면 간결하게라도 상세페이지에 담아보자. 이 구간까지 스크롤을 내리고 상세페이지를 읽는 사람은 많지 않겠지만, 마지막까지 구매를 망설이는 소비자를 설득하는 감초 역할을 하게 될지 누가 아는가.

클로징

마지막으로 상세페이지의 최하단 구간, '클로징(결론)'은 주로 정보성 사실 위주로 채워진다. 오프닝과 본론 구간을 화보 같은 제품의 컨셉 사진 위주로 채워 넣었다면 상세페이지 끝자락에는 연출 없는 흰 배경에서 촬영된 제품의 상세 사진이 배치되는 식이다. 제품의 실측 사이즈와 세탁 관리법, 배송이나 교환, A/S, 자주 묻는 질문도 주로 결론 부분에서 볼 수 있는 정보들이다. 충전기, 본품, 교체용 부속품 등 여러 구성품이 들어간 세트 제품이라면 어떤 구성의 패키지인지 보여주는 이미지가 들어가기도 한다. 상세페이지 클로징에 해당하는 정보는 플랫폼이나 쇼핑몰의 UI에 따라 별도의 탭에 분리되어, 상세페이지 외적 요소로 빠지는 경우도 있다.

상세페이지에 제품 상세 정보를 안내하는 것이 필수적이진 않지만, 가급적 결론까지 잘 마무리하는 것을 추천한다. 이미지 요소 없이, 짤막한 텍스트로 구성된 정보여도 좋다. 나를 찾아온 소비자들에게 필요한 정보를 최대한 많이 배치함으로써 이탈을 방지해 보면 좋겠다. 게다가 생각보다 많은 소비자들이 구매 후 제품의 사용법이나 관리법 등을 파악하기 위해 상세페이지에 다시 방문하기도 하니, 생략하는 것보다 포함하는 것이 소비자와의 지속적인 신뢰 형성에 더 이득이다.

길어서 더 막막한 상세페이지 제작, '오프닝 - 본론 - 클로징'으로 나누고 보면 '나도 금방 쓸 수 있겠는데?' 하는 자신감이 샘솟기 시작할 것이다. 큰 구조를 짜고, 각 구조에 어떤 문단을 넣을지 생각하다 보면 자연스럽게 상세페이지의 아웃라인outline이 그려진다.

이제 이 3단 구조에 따라 상세페이지를 본격적으로 채울 일만 남았다. 우리가 열심히 준비한 전략을 현실에 적용해 결과물을 만들어 볼 시간이다. 여전히 머릿속에 '그래서 어떻게 만드는 건데?'라는 궁금증이 남아 있다면 앞으로의 여정을 기대해도 좋다.

너, 내 소비자가 돼라

07 상세페이지로
말 걸기

눈을 뗄 수 없는
첫 3초 만들기

내 제품의 첫인상, 오프닝. 오프닝은 발견형 소비자를 유입시키고, 유입된 소비자를 구매 전환하도록 만드는 가장 첫 구간이다. 이 오프닝에는 '후킹 포인트Hooking Point'가 반드시 필요하다. 후킹 포인트는 낚시 갈고리를 뜻하는 훅Hook에서 나온 말로, 짧은 시간 안에 고객의 이목을 끌기 위한 포인트를 뜻하는 마케팅 용어이다. 주로 광고 카피나 유튜브 썸네일 등에 활용되어 사람들이 콘텐츠를 클릭하도록 유도할 때 사용된다. 후킹 포인트는 수많은 소음을 뚫고 고객들에게 말을 걸 수 있게 하는 중요한 발견 장치다.

후킹 포인트를 담은 오프닝 콘텐츠의 핵심 역할은 두 가지이다.

첫째, 읽지 않아도 읽은 것처럼 정보를 전달할 것. 둘째, 스크롤을 내려 보게 만들 것. 이 역할을 수행하기 위해서는 직관적인 콘텐츠, 그리고 누괄식 화법이 반드시 필요하다.

눈을 뗄 수 없는 첫 3초를 위한 첫 번째 무기는 직관적인 콘텐츠이다. 생각하거나 해석하지 않아도 상세페이지를 보는 순간 바로 '아 이런 제품이네!' 하고 이해할 수 있어야 한다. 아무리 좋은 내용으로 채웠을지라도 줄글로 길게 쓰여 있으면 한눈에 정보를 확인하기 힘들고, 집중하지 않으면 읽히지 않는다. 읽히지 않으면 정보를

| 그림 16 |

긴 글 형태의 설명　　　　　　　　직관적인 콘텐츠

빠르게 전달할 수 없다. 아무런 정보를 전달하지 못한 상세페이지에서는 이탈이 발생하게 된다. 오프닝의 직관성을 높이고 싶다면, 다음과 같은 방식을 활용해 보는 것을 추천한다.

포스터형 콘텐츠

영화 포스터는 영화의 스토리를 미리 짐작하고 주인공이 누구인지 확인할 수 있게 하는 콘텐츠이다. 일반적으로 세로형의 디자인에 가장 임팩트있는 사진 한 장과 짧은 카피로 이루어져 있다. 행사를 홍보하거나 정보를 전달하는 포스터도 마찬가지다. 눈에 잘 들어오는 사진과 카피로, 전달하고자 하는 내용을 한눈에 보여준다.

상세페이지에서도 포스터가 필요하다. 오프닝에 내 제품을 대표하는 포스터를 만들어 넣는다는 생각으로 제품을 가장 잘 보여주는 사진 한 장과 궁금증을 유발하는 카피를 배치하는 것이다. 카피는 한 문장 이내로, 서술어 보다는 단어 위주의 문구를 추천한다. 상세페이지에서 핵심적으로 다루고 싶은 키워드나 메시지가 있다면 카피에 활용하는 것이 좋다. 설령 소비자가 이 카피만 읽고 상세페이지를 떠나더라도, 제품을 각인시킬 수 있도록 말이다. 강조해야 할 키워드가 있다면 색이나 크기를 다르게 하여 눈에 더 띄게 만들어주는 것도 유용한 디자인 팁이다.

포스터형 콘텐츠는 특히 디자인이나 분위기가 중요한, 비주얼이 강조된 콘텐츠를 만들 때 유용하다. 제품이 가장 매력적으로 담긴 사진으로 시선을 집중시키면 순간적인 몰입을 만들 수 있다. 이때, 이미지는 단순히 판매자 눈에 예쁜 이미지가 아니라 제품의 셀링 포인트를 직관적으로 담는 이미지가 좋다. 예를 들어 육즙이 풍부한 고기만두의 밀키트를 판매한다면, 밀키트의 패키지가 예쁘게 연출된 스튜디오 컷보다는 모락모락 연기와 함께 육즙이 가득 고여있는 만두 속을 보여주는 클로즈업 이미지가 적합하다. 고기만두 밀키트의 핵심 셀링 포인트는 예쁜 패키징이 아니라, 일반적인 밀키트에서는 기대하기 힘든 고퀄리티 육즙과 맛에 있기 때문이다.

이 외에도 제품의 용도와 차별점, 특징을 알 수 있는 연출컷이 오프닝 이미지로 적합하다. 그렇다고 무조건 많은 사진, 특히 비슷하게 제품의 외관만을 보여주는 사진을 의미 없이 나열하면 오히려 집중력만 떨어질 수 있으니 유의하자. 제품의 다양한 셀링 포인트를 직접적으로 보여주는 사진을 활용하는 것이 중요하다.

세로형 콘텐츠

오프닝의 이미지는 세로형을 추천한다. 세로형으로 촬영된 이미지가 없다면, 텍스트의 배치를 짧게 끊어, 위아래로 시선을 옮기며 볼 수 있는 세로 이미지로 인식하도록 구성하는 것이 좋다. 오늘날 인터넷 쇼핑의 대부분은 9:18 정도의 얇고 긴 스마트폰 화면을 통해 이루어진다. 이 화면에 익숙해진 요즘 소비자들은 좌-우로 시선

너, 내 소비자가 돼라

| 그림 17 |

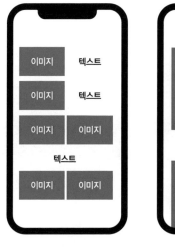

가로형 배치   세로형 배치

을 움직이며 글을 읽는 것보다, 위-아래로 빠르게 시선을 내리며 읽는 방식에 더 익숙하다. 가로형 배치가 많아지면 모바일 화면에서의 가독성이 떨어질 뿐 아니라 콘텐츠를 읽는 호흡이 느려질 수 있다. 반대로 세로형은 더 시원시원하게 스크롤을 내려볼 수 있고, 내리다 보면 나도 모르게 페이지 하단까지 도달하게 된다. 게다가 세로형 화면에 가득 찬 콘텐츠는 더 높은 주목도를 만든다. 중요한 콘텐츠가 한 눈에 딱 들어와, 임팩트 있게 다가오는 것이다.

GIF 콘텐츠

인터넷을 하다보면 GIF 또는 움짤(움직이는 짤방)이라는 말을 꽤나 자주 보게 된다. 보통 친구들끼리 웃긴 이미지를 공유할 때 많이 �

는 말이라, 나름 진지한 상세페이지와는 무관하다 생각할 수 있지만 그렇지 않다.

GIF는 'Graphics Interchange Format'의 약자로, 재생하지 않아도 동영상처럼 움직이는 이미지 파일 형식이다. 이 이미지는 대개 5초 이내의 짧은 길이로, 무한 반복 재생되는 특징을 가지고 있다.

유튜브부터 숏폼 등 영상 콘텐츠들이 유행하면서 상세페이지에도 동영상이 활용되는 경우가 종종 있는데, 자동 재생되는 형식으로 삽입된 것이 아니라면 영상은 사실 상세페이지 오프닝에 최적화된 콘텐츠는 아니다. 소비자가 재생을 누르지 않는 한, 아무런 정보도 전달할 수 없기 때문이다. 반면 GIF는 소비자가 '재생' 버튼을 누르지 않아도 된다는 점에서 동영상과 차이가 있다.

GIF는 정적인 사진에 비해 소비자의 시선을 사로잡는 데 유리하다. 사람들은 온라인상에서 정지된 이미지보다 움직이는 GIF 이미지에 더 빠르게 주목하고, 더 오래 체류한다. 사진은 단 하나의 장면만 보여주지만, 같은 사이즈의 콘텐츠 안에서 더 많은 장면을 노출할 수 있다는 점에서도 효과적이다. 이미지 3장과 텍스트 1줄로 설명해야 하는 제품의 특징과 기능을, 특별한 설명 없이 바로 이해시킬 수 있다. 그리고 꽤나 중독적이기도 하다.

GIF는 주로 동영상 속 한 장면을 잘라내 보여주는 방식으로 제작된다. 만약 동영상이 없거나, 추구하는 상세페이지의 분위기 상 마땅히 어울리는 영상이 없다면 여러 장의 사진이 교차 등장하는 GIF를 만들어도 좋다. 또한 이미지뿐 아니라 텍스트에도 적용할 수 있다. 마치 전광판처럼 깜빡이거나, 나타났다 사라지는 등 다양한 효과를 주어 활용하는 것이다. 단순히 텍스트의 색이나 폰트를 바꾸는 것보다 더 강렬한 효과를 낼 수 있다.

단, 너무 과한 GIF 사용은 지양하는 것이 좋다. 사방에서 움직이고 번쩍거리면 오히려 시선이 분산되어 중요 키워드에 집중하기 어렵다. GIF는 평균적으로 사진 이미지보다 많은 양의 데이터 용량을 필요로 하게 되는데, 이는 상세페이지의 긴 로딩 시간과 오류의 원인이 될 수 있다. 구경할 콘텐츠가 무한히 많은 오늘날, 로딩이 느린 페이지를 기다려줄 소비자는 없다. 게다가 데이터 무제한 요금제를 사용하지 않는 소비자라면, 과도한 GIF가 사용된 페이지에 접근 자체를 꺼려할 수도 있을 것이다. 너무 지나치면 오히려 이탈을 만들게된다.

두괄식 화법

눈을 뗄 수 없는 첫 3초를 위해 필요한 두 번째 무기는 두괄식 화법이다. 소설이나 이야기는 주로 '기-승-전-결'의 스토리 구조를 갖고 있다. 문제가 제기되고, 이야기가 이어지며, 반전이나 도약 끝에 결론에 도달한다. 결론 부분에서 우리는 이야기가 전하려는 교훈, 즉 핵심 메시지를 알게 된다. 하지만 상세페이지는 기승전결이 아니라 '결-기승전-결'의 구조로 구성하는 것이 좋다. 차근차근 문제를 제기하고, 상황을 설명하고, 후기를 보여주기보다 어떤 제품이고 어떤 차별점이 있는지, 어떤 경험을 할 수 있는지 결론부터 정의하고 출발하는 것이다.

이러한 두괄식 화법은 긴 내용을 오래 읽고 싶지 않아 하는, 결론부터 빨리 보고 싶어하는 요즘 시대의 소비자를 위해 필요한 화법이기도 하다. 유튜브 동영상에서도 첫 1분 이내에 하이라이트 영상이 먼저 나와야 조회수가 오르고, 최신 가요들은 첫 소절에 (흔히 '싸비'라는 용어로 불리는) 코러스나 훅을 넣는다고 하니, 사람들이 얼마나 빠르게 결론부터 듣고 싶어 하는지 짐작할 수 있다.

여기 한 상세페이지 오프닝이 있다. "그동안 불편하셨죠? 자꾸 터지고 열리는 내 가방 속 도시락"이라는 카피와 함께 음식물이 새어나와 지저분해진 보온 도시락의 외관 사진이 배치된 오프닝이다.

상황을 바탕으로 텀블러나 밀폐 용기를 떠올렸다면 다행이지만, 아마 이 상세페이지를 마주한 대부분의 사람들은 무슨 제품을 구입할 수 있다는 건지 빠르게 이해하지 못했을 것이다. 상세페이지의 스크롤을 두세 번 더 내렸는데도 판매 제품의 외관이나 기능에 대한 아무런 정보가 노출되지 않는다면 어떨까? 오프닝에서 제기한 문제 상황과 같은 경험이 있어 공감대를 형성한 사람은 상세페이지에 더 머물 수도 있겠지만, 대부분 이탈할 것이다. 심지어 이미 이탈해 버린 소비자는 상세페이지를 떠나도 이 제품을 기억하지 못한다. 소비자를 설득할 기회를 놓쳐버린 것이다.

이번에는 두괄식으로 접근해 보자. 공감대 형성을 위한 문제 상황을 제시하기 전, 제품의 정확한 특징과 용도, 그리고 셀링 포인트를 먼저 보여주면 사뭇 다른 콘텐츠가 완성된다. 만약 가방에서 절대 새지 않는 다는 점을 강조하고 싶다면 이런 전개가 가능하다.

먼저, 상세페이지 가장 윗 부분에는 명확하게 제품과 제품의 강점을 정의할 수 있는 헤드 카피를 배치한다.

"점심밥을 사수하라, 밀폐 킹 보온 도시락"

카피 하단에는 물이나 국을 넣은 제품을 마구 흔드는 장면을 연출한 GIF를 넣어볼 수 있다. 제품의 외관도 바로 보여줄 수 있고, 약간의 코믹한 분위기도 더해진다. 결과적으로 더 몰입감 있는 상세페이지 오프닝이 완성된다.

아무리 시선을 강탈하는 비주얼의 콘텐츠로 시작하더라도 결론을 알 수 없다면 직관적이라고 할 수 없다. 공감대 형성을 위한 '기'는 이 다음에 나와도 충분하다. 제품의 강점이 뭔지 알 수 있는 이미지와 키워드를 통해 항상 결론부터 제시하고, 그 후에 상세페이지가 본격적으로 시작되어야 한다는 점을 잊지 말자. 두괄식 화법을 사용하면, 오프닝만 보고 이탈한 소비자들도 튼튼한 도시락 통이 필요할 때 '밀폐 킹 보온 도시락'을 떠올리게 될 것이다.

사용 전후를 비교해 보여주는 비포 앤 애프터Before & After 콘텐츠도 두괄식 접근에 효과적이다. 일반적으로 비포 앤 애프터라고 하면 기능성 화장품이나 성형외과, 피트니스 센터에서 제시하는 신체적 변화의 비교를 떠올리곤 하는데, 일반 제품에서도 얼마든지 활용할 수 있는 콘텐츠이다. 제품을 사용하기 전의 모습과 제품을 사용한 후의 모습을 이미지로 담아 제시하거나, 우리 일상이 어떻게 달라지는지 보여줄 수 있다. 반드시 '비포'와 '애프터'가 대비되어 나오지 않아도 괜찮다. 제품의 사용으로 변화된 모습만 잘 담아낸다면, 충분히 제품의 강점에 대한 두괄식 결론 전달이 가능하다.

꼭 강조하고 싶은 제품 특징이 여러 개라면 제품의 셀링 포인트를 요약해 상세페이지 오프닝에 배치하여 두괄식 화법의 효과를 만들어볼 수도 있다.

단 한 가지 키워드에 집중하는 포스터형 콘텐츠와는 달리, 요약형 콘텐츠를 활용하면 여러 개의 특징을 전달할 수 있다. 목적에 맞는 이미지와 카피를 짧은 호흡으로 반복하여 소비자들이 빠르게 스크롤을 내리며 많은 양의 정보를 읽어내도록 유도하는 것이다. 단, 이때 제품의 특징을 전부 보여주려고 애쓰지 않아야 한다. 다양한 특징을 보여주는 요약형 콘텐츠여도 오프닝의 직관성을 무너뜨리면 안 된다. 요약에는 최대 3개 정도의 핵심적인 특징만 압축적으로 담아 호기심을 자극하고, 소비자들이 상세페이지를 더 읽어볼 수 있도록 유도할 수 있어야 한다.

상세페이지를 계속 읽어야 하는 이유를 오프닝에서 제공하고, 고객의 손가락이 거침없이 스크롤을 내리게 만들자. 만약 광고는 열심히 돌리는데 매출이 잘 안 나와서 고민 중인 상세페이지가 있다면, 이번 챕터에서 다룬 오프닝 작성법을 적용해 보길 바란다. 상세페이지 전체를 고칠 필요도 없다. 오프닝 하나만으로도 분명 의미 있는 변화를 경험할 수 있을 것이다.

제품별 전략적인
글쓰기 활용법

"요즘 사람들은 긴 글 잘 안 읽는데, 굳이 상세페이지를 길게 써야 되나요?"

상세페이지 컨설팅을 하다 보면 이런 고민을 갖고 있는 판매자들을 종종 만나게 된다. 특히 감성을 자극하는 아이템일수록, 비주얼이나 분위기가 중요한 디자인, 패션, 뷰티 제품일수록 글을 생략하고 사진과 영상으로만 상세페이지를 완성하려는 경향이 있다.

상세페이지에 긴 글이 필요하지 않다는 것은 반은 맞고 반은 틀렸다. 짧은 글이 더 유리한 상황이 있는 반면, 긴 글이 꼭 필요한 상황도 존재한다. 작은 디테일 하나가 고객들의 구매 전환에 큰 차이를 만들기 때문에, 상세페이지를 구성하는 텍스트에도 전략이 필요하다. 무작정 긴 글을 채울 엄두가 나지 않을 때, '이렇게 글을 쓰는 것이 맞나?'라는 의심이 들 때 가장 먼저 점검해 보면 좋은 것은 '소비자의 구매 결정 속도'이다.

어떤 사람은 제품을 클릭하고, 상세페이지에 들어오자마자 몇 가지 내용만 빠르게 살펴보고 바로 구매 버튼을 누른다. 비교적 가격이 저렴하고, 구매 실수로 인해 손해 볼 확률이 낮은 제품은 오래 고민하지 않고 구매한다. 휴지, 생수, 생필품과 같은 제품들이 대표적이다. 구매 여정에 들이는 시간이 전체적으로 짧다.

구매까지 오랜 시간이 걸리는 제품들도 있다. 어떤 소비자는 비슷한 제품을 10개, 20개씩 다 찾아보고 무엇을 사는 것이 제일 좋을지 고민한다. 제품을 우연히 발견했을 때도 마찬가지이다. 믿을 만한 제품인지 후기도 찾아보고, 친구한테 쇼핑몰 링크를 보내며 '이거 살까?' 물어보기도 한다. 누군가 별로라는 평가를 하면 더 많은 정보를 다시 탐색한다. 이렇게 살피고 고민하다 보면 구매 버튼을 누르기까지 며칠에서 몇 주까지도 걸리게 된다.

이처럼 **물건이나 서비스를 구매할 때까지 소비자가 정보 탐색에 들이는 시간과 노력의 정도를 '관여도'라고 한다.** 쉽고 빠르게 구매가 결정되는 휴지, 생수와 같은 생필품은 저관여 제품이다. 고민의 시간이 길어지고 구매 전환을 위해 많은 정보가 필요할수록 제품의 관여도는 올라간다. 전자기기나 유아용품 같은 제품을 고관여 제품으로 본다.

관여도는 절대적이지 않다. 소비자의 상황에 따라 상대적으로 변한다. 피부가 극도로 민감한 사람에게는 휴지도 고관여 제품이 될 수 있다. 억대 연봉을 받고 있어서 노트북 정도는 다이어리 사듯 쉽게 구매하는 사람이 있다면, 이 사람에게 노트북은 저관여 제품이 된다.

구매 결정이 빠른 제품

먼저 '저관여 소비'를 공략하는 글쓰기 전략을 알아보자. 여러분이 어느 날 아무 생각 없이 쿠팡 앱을 켰다고 가정해 보자. 이것저것 둘러보다가 합리적인 가격으로 구성된 '변기 막힘 없는 대나무 3겹 화장지' 제품을 보게 되었다. 때마침 집에 화장지도 떨어져 가고, 이왕이면 변기가 덜 막히게 할 새로운 제품을 써 보고 싶은 마음이 들면 상세페이지를 눌러볼 것이다. 그리고 높은 확률로 다음과 같은 순서로 페이지를 탐색하다가 쉽게 장바구니 추가 버튼을 누를 것이다.

① 사진 위주로 쭉쭉 내려보며, 제품의 색상과 두께는 어떤지 확인한다.
② 사용감은 어떤지, 진짜 변기 막힘이 없었는지 보기 위해 후기를 확인한다.
③ 할인 받을 수 있는 쿠폰이나 이벤트는 없을지 확인한다.

이처럼 저관여 제품을 구매하는 소비자는 오래 고민하지 않고, 즉흥적으로 빠르게 결제하고 싶어한다. 이들은 상세페이지 속 내용을 꼼꼼히 정독하기보다는, 빠르게 스키밍 skimming⁴하며 훑어보는 행동 패턴을 보인다. 저관여 소비자인 만큼 구매 실패에 대한 두려움이 없고, 구매 결정에 긴 시간을 투입하지 않는다.

그렇기 때문에 저관여 소비자가 많이 모이는 상세페이지는 큰 사이즈의 폰트로 작성된 짧은 문장을 추천한다. 눈에 띄는 오프닝 후킹 포인트를 살린 직관적인 콘텐츠 위주로 상세페이지를 구성하는 것이 효과적이다. 긴 설명, 감성을 자극하는 서사보다는 키워드, 숫

---

4 중요한 내용을 파악하며 빠른 속도로 글을 읽는 방법으로, 눈을 빨리 움직이며 읽어 요점을 찾아내는 속독 기술이다. 실제로 모바일 콘텐츠를 소비하는 소비자들은 스키밍으로 읽히면서 가볍게 즐길 수 있는 스낵 (snack) 콘텐츠를 선호한다는 연구 결과들도 있다.

자, 후킹성 강한 이미지를 중심으로 말이다. 특히 카피 문구는 긴 문장보다는 키워드 중심으로 짧게, 명사형으로 간결하게 작성하는 것이 좋다. "이 팔토시는 자외선을 차단하고 시원한 촉감을 즉각적으로 만들어주는 쿨링 제품입니다"처럼 주어와 동사가 모두 있는 완전한 형태의 문장보다는 "더위 싹- 쿨토시"와 같은 명사형 카피가 더 효과적이다.

저관여 소비를 타깃하는 상세페이지는 헤드 카피 중심으로만 콘텐츠를 기획해도 좋다. 상세하고 긴 소개글 텍스트는 일부분 생략하고, 소제목으로 연결된 큰 글씨만 읽어도 빠르게 핵심을 파악할 수 있도록 만드는 것이다. 이때 제품의 특징을 단순히 나열해도 되지만, 카피들이 연결된 하나의 콘텐츠로 읽히면 더 강한 몰입을 만들어낼 수 있다. 상세페이지 속 큰 글씨만 빠르게 읽어도 내용이 끊기지 않도록 맥락을 형성해 주는 것이다.

헤드 카피의 연결성은 상세페이지의 플로우 flow(흐름) 형성에 중요한 역할을 한다. 예를 들어 '더위 싹 쿨토시'라는 메인 카피가 있을 때, '쿨'이라는 키워드를 연결점으로 잡고 '에어컨 냉감의 비밀, 공기가 통하는 자연유래 원단'이라는 카피를 배치한다. 이어서 '자연'이라는 키워드를 잡고 '자연에서 온 소재라 피부 자극 없어요'라는 문구를 이어주면, 글의 맥락이 생겨난다. '더위 싹 쿨토시' 직후에 대뜸 '자연에서 온 소재'라는 설명을 배치할 때보다 훨씬 더 자연스럽게 이어진다.

　이렇게 이전 단락의 메인 카피에 사용된 단어를 기반으로 다음 카피를 작성하면, 상세페이지 전체의 몰입감을 높이는 자연스러운 스토리텔링이 가능하다. 또한 주요 키워드를 반복함으로써 제품의 특징을 강조하고, 소비자의 구매 욕구를 자극하는 효과까지 기대해 볼 수 있다. 키워드를 활용한 작문과 맥락 형성이 어렵게 느껴진다면, 특징마다 1, 2, 3 과 같은 숫자를 붙여 단락이 이어진 것처럼 연출해도 좋다. 단순히 특징을 나열하는 것보다 자연스럽게 읽히고, 숫자를 따라 '지금 내가 어떤 흐름에 와 있는지' 이해할 수 있기 때문이다.

　제품의 별명을 활용하는 것도 효과적이다. 제품 별명은 소비자들이 내 제품을 더 쉽게 부르고 기억할 수 있게 만든 제품의 비공식 이름이다. 대개 기업에서 출시하는 제품의 공식 이름은 소비자의 입에 착 붙지 않는다. 기능과 소재 등으로 조합된 명칭이라 길거나, 영문이기 때문이다. 그래서 많은 기업들이 '마케팅용 이름'을 별도로 지어 제품 판매에 활용한다. 소비자들이 쉽게 부를 수 있는 별명을 활용하면 더 오래 기억되고, 많이 불리고, 장기적으로는 고객들이 제품과 브랜드에 대한 애정을 가지도록 만들어준다. 글로벌 뷰티 브랜드 에스티로더의 '어드밴스드 나이트 리페어' 라는 제품이 '갈색병'으로, 다이소에서 판매하는 폴리우레탄 메이크업 퍼프가 '똥퍼프'로 불

너, 내 소비자가 돼라

리며 입소문 난 것이 대표적인 예시이다(이처럼 제품의 별명은 인지도가 쌓이면 하나의 고유명사처럼 활용되기도 한다).

제품의 별명은 저관여 소비자들로 하여금 제품의 특징을 빠르게 캐치하고, 관심을 가질 수 있도록 만들어 준다. '10만 개의 미세모가 작은 먼지까지 쓸어주는 가정용 빗자루'라는 설명보다는 '싹쓰리 빗자루'라는 키워드와, 비질이 깔끔하게 되는 모습을 직관적으로 보여주는 구성이 저관여 제품 상세페이지에 적합하다.

제품 별명에도 나름의 성공 규칙이 있다. 먼저, 별명을 지을 때는 최대 6자 이내, 혹은 최대 두 단어를 조합한 짧은 이름이 좋다. 이보다 별명이 더 길어지면 소비자들이 별명을 기억하고, 말하고, 타이핑하는데 장벽이 생기게 된다. '1초 커피'라는 이름은 기억했다 검색하기 쉽지만, '1초 스페셜티 브루잉커피'라는 별명을 오래 기억하긴 어렵다. 빠르게 입에 붙지 않으면 자주 언급되지 않고, 자주 언급되지 않으면 기억에서도 금세 잊혀지기 때문이다. 별명이 반드시 한글이거나 영문일 필요는 없다. 하지만 지나가던 초등학생이 들어도 이해할 수 있는 쉽고 직관적인 단어들로 구성하는 것이 좋다.

제품 별명에는 제품의 독보적인 특징이나 핵심 셀링 포인트가 반영된 별명일수록 효과적이다. 별명을 들은 소비자의 머릿속에 제품에 대한 특징이 빠르게 연상되었다면 성공이다. 예를 들면 이런 식이다.

- '싹쓰리 빗자루'는 먼지가 싹, 깨끗하게 쓸리는 성능 좋은 빗자루라는 메시지를 담고 있다.
- '1초 커피'는 빠르게 준비해 마실 수 있는 제품이라는 메시지가 전달된다.
- '해방 브라'라는 별명은 기존 브래지어들보다 더 편해서 가슴이 해방된 듯한 느낌을 전한다.
- '초록 앰플'은 제품의 외관을 빠르게 연상시켜, 여러 유사한 뷰티 제품 중 가장 먼저 기억할 수 있도록 만들어준다.

가격이나 혜택을 상단에 배치하는 것도 좋은 전략이다. 저관여 소비자들은 내용을 대략적으로만 파악하고, 제품을 살지 말지 빠르게 결정하고자 하기 때문이다. 획기적인 가격이나 옵션을 상단에 제시한다면, 구매 방아쇠를 더 빠르게 당길 수 있을 것이다.

구매 결정이 오래 걸리는 제품

다음으로는 '고관여 소비'를 공략하는 글쓰기 전략을 살펴 보자. 제품 구매까지 고민의 시간이 긴, 관여도가 높은 제품을 판매할 때는 어떤 글쓰기로 공략해야 효과적일까? 다시 쿠팡 앱을 열어 구경하는 상황으로 돌아와 보자. 이번에는 우연히 '휴대용 빔 프로젝터' 제품을 발견했다. 저렴한 금액대는 아니지만, 휴대용임에도 TV를 보는 것 같은 생생한 화질을 자랑하는 제품이라 관심이 간다. 당장 급하게 필요한 건 아닌데, 왠지 올가을 캠핑에 이거 하나 있으면 좋겠다는 생각을 하며 상세페이지를 눌러보게 된다. 그리고 이번에는 높은 확률로 이렇게 페이지를 탐색할 것이다.

① 상세페이지에 나오는 제품의 성능, 작동법, 사용 가능/불가능한 환경, 충전 단자가 C타입일지, 무선 사용이 가능한지 등 세부 내용까지 꼼꼼히 읽어본다.

② 썸네일에서 주장했던 'TV같은 화질'이 사실인지, 어떤 원리로 구현되는 기능인지 소개한 단락이 있다면 자세히 읽어본다.

③ 실제로 잘 작동하는지, 기존에 구매한 사람들은 어떻게 평가하는지, A/S 같은 부분은 잘 처리되고 있는지 후기를 확인한다.

④ 상세페이지를 잠시 벗어나 시중에 다른 빔 프로젝터 가격과 스펙을 찾아보며 이 제품을 구매하는 것이 합리적인 것이 맞는지 검색한다.

고관여 소비자가 방문하는 상세페이지는 명사형의 키워드보다는 서술형 문장이나 상세 설명, 제품의 서사가 필요하다. 제품에 대해 더 면밀히 살펴보고, 구매 후의 상황에 대해 여러번 시뮬레이션을 돌려보기 때문이다. 언제 어디서 어떻게 사용할 것인지, 혹시라도 잘못된 구매였다면 어떤 피해가 있을지 떠올려보는 것이다.

구매까지 오랜 시간이 걸리는 고관여 제품은 충분한 정보를 제공하고 소비자와 신뢰를 쌓는 것이 중요하다. 이를테면 3개월 할부로 사야 할 가격대의 테크 제품을, '막-쏘아 빔빔'이라는 카피로 소개했다면 소비자의 신뢰를 얻기 힘들 것이다. 짧은 단어의 나열보다는 완전한 문장으로 진정성 있게 소개해야 고관여 소비자들의 구매를 성사시킬 수 있다. 지나치게 장난스러운 문장이 들어가거나 과한 유행어가 활용되면 제품이 자칫 가벼워 보일 수 있어 남용하지 않는 것을 추천한다. 콘텐츠 자체는 재미있어질지 모르나 구매 전환율이 높아지는 것을 기대하긴 어려울 것이다.

제품에 진정성을 더하고 신뢰를 만들고 싶을 때 'what-why-how' 구조의 글쓰기를 활용하면 효과적이다. 'what-why-how' 구조 글쓰기는 ①what: 제품 특징 ②why: 그래서 왜 좋은지(소비자의 경험) ③how: 그렇게 하기 위해 내(판매자)가 어떤 선택과 노력을 했는지 순서대로 보여주는 방식으로 구성된다. 예시로 가상의 '브리프케이스'의 상세페이지를 살펴보자.

① what: 100g 초경량 브리프케이스
② why: 가방만큼은 어깨를 무겁게 하지 않아야 하니까. 아이폰보다 가볍지만 맥북 2개를 넣어도 넉넉한 용량.
③ how: 에어 브리프케이스 100g의 기적의 비밀은 신소재인 XX 원단에 있습니다. 정글 탐사복 소재로도 사용되는 XX은 가죽보다 N배 가볍고, N배 높은 강도를 가지는 가죽 질감의 원단입니다. 일반 가죽 가방보다 얇지만 튼튼한 외관을 자랑합니다.

3단 구조가 제대로 갖춰지지 않으면 이런 일이 발생한다. 만약 상세페이지에 제품의 특징만 제시되었다면, 소비자는 '얇고 가벼운 건

| 그림 18 |

알겠는데… 이게 왜 좋은 거지? 원단이 약한거 아니야?'라는 의문
을 갖게 될 것이다. 또는 제품의 특징은 쏙 빠진 채, '가방 만큼은 어
깨를 무겁게 하지 않아야 하니까'라는 카피만 존재했다면, 소비자는
'뭐야, 그냥 감성팔이 광고에 낚이는 거 아니야?'하며 제품을 의심하
게 될 수도 있다.

'what-why-how'는 제품의 특징, 소비자의 경험, 경험에 대한 근거를 전략적으로 전달하여 진정성과 신뢰를 형성하는 효과적인 글쓰기이다. 후킹되는 카피를 통해 주요 정보를 전달한 후, 소비자가 의문을 가지기 직전 이를 바로 해소해 주며 몰입도도 높이고, '이 제품은 믿을 만하겠다' 라는 인식을 가지도록 만들어준다.

판매자를 전문가로 포지셔닝하는 것도 고관여 제품의 상세페이지에서는 효과적인 전략이다. 소개하려는 제품군의 전문가로 판매자인 '나' 또는 내 브랜드를 소개하는 것이다. 역시 신뢰도와 관련된 전략이다. 우리는 전문가의 입에서 나온 정보를 무의식 중에 더 신뢰한다. 집에서 엄마가 '양배추가 속쓰림에 좋다'고 말할 땐 흘려 들었더라도, 흰 가운을 입은 의사선생님이 '위가 약하시네요. 양배추 많이 드세요'라고 말하면 바로 인터넷에 '양배추즙'을 검색해 보게 되는 것처럼 말이다.

아무나가 아닌 전문가, 믿을 만한 사람이 만든 제품이라는 점을 상세페이지를 통해 어필하고, 전문가니까 뛰어난 품질도 보장된다는 메시지를 전해보자. 제작자의 경력이나 제품 개발·제작에 투자한 시간, 장인 정신을 추구하는 브랜드 가치관 등과 같은 스토리 요소를 적극 활용하여 판매자의 전문성을 강조할 수 있다. 실제로 한 슈트 브랜드 B사의 상세페이지는 슈트를 제작한 제조사의 경력과 데이터를 바탕으로 그동안 몇 만 벌의 옷을 만들어 왔는지 강조하며 '슈트 전문가'로 브랜드를 포지셔닝했다. 이불 브랜드 M사는 30년 솜 제조 외길 인생을 걸어온 대표님의 경력을 브랜딩에 적극 활용하여 소비자들에게 각인시켰다.

인터뷰나 기사, 논문 자료와 같이 나를 전문가로 보이게 해주는 것들을 활용해도 좋다. 어필할 만한 자료가 부족하다면, 단지 연구원이나 박사님처럼 보이는 '흰 가운'을 입은 판매자의 사진을 배치하는 것으로도 효과를 볼 수 있다(단, 이때 판매자를 의사 또는 관련 종사자로 오인할 정도의 연출은 삼가야 한다. 이 내용은 11번째 챕터인 '발견형 제품에 뒤탈이 없으려면'에서 더 자세히 다루도록 하겠다).

단 한 사람을
위한 공간

'이건 꼭 사야 해, 여긴 꼭 가야 해, 이건 꼭 봐야 해!' 휴대폰으로 이것저것 구경하다가 이렇게 생각했던 경험은 누구나 한 번쯤 있다. 콘텐츠를 보고 무언가에 대한 소비 욕구가 강하게 움직였다면, 콘텐츠가 의도한 장치에 제대로 걸려든 것이다. 바로 '취향 저격'이라는 발견 장치에 말이다.

어떤 제품이 취향을 저격했다는 건, 꼭 나 같은 사람을 위해 탄생한 제품으로 느껴졌다는 것이다. 제품의 외관과 디자인도 마음에 들고, 용도도 마음에 들고, 무게나 상세 스펙도 꼭 내가 원하는 것들만 쏙쏙 뽑아 만든 것처럼 큰 만족감을 느낀 것이다. 즉, 제품과 관련된 모든 요소가 다 '나'를 위해 준비되어 있을 때, 우리는 '이건 꼭 사야 해'라는 반응을 보이게 된다.

주목해야 할 부분은 '모든 요소'가 '한 사람'에게 맞춰져 있는 것처럼 보였다는 점이다. 여기서 '한 사람'은 상세페이지의 목표 고객, 더 나아가 **타깃 페르소나**를 말한다. 페르소나persona는 고대 그리스 가면극에서 배우들이 썼다가 벗었다가 하는 가면에서 유래된 말로, 현대사회의 다양한 분야에서 활용되는 용어이다. 심리학에서는 이미지 관리를 위해 쓰는 가면, 즉 다른 사람에게 보이는 나의 모습을 말하며, 영화계에선 어떤 감독이 자신의 상징처럼 애정하는 배우를 뜻하기도 한다.

마케팅에서 페르소나란 목표하는 고객의 특징, 그중에서도 가장 이상적인 특징을 모아 놓은 가상의 인물이다. 내 브랜드의 제품을 사용할 고객의 나이, 사는 곳, 직업, 관심사, 하루 일과, 성격, 취향, 이상향 등을 예상하여 구체적인 한 사람을 미리 만들어 보는 것이다. 소비자들은 페르소나가 '나와 닮아서' 또는 '나도 저렇게 되고 싶어서' 공감하고 동경하게 된다. 이 페르소나가 내 제품을 소비하는 모습을 노출하며, 목표 고객들이 '이 제품을 쓰면 나도 저렇게 될 수 있겠지?'라는 마음을 무의식 중에 가지도록 만들어 고객의 구매를 유도한다.

실제로 페르소나 전략은 브랜드의 마케팅에서도 활발히 사용되는데, 글로벌 브랜드 나이키와 요가복 브랜드 룰루레몬은 페르소나 마케팅 전략으로 성공한 대표적 사례이다.

타깃 페르소나에 생명을 불어넣기 위해서는 가장 이상적인 목표 고객부터 파악해야 한다. 앞서 Part 1의 고객 분석에서 소개했던 것처럼 제품과 관련된 행동과 욕망을 기반으로 관심 그룹을 나누고, 핵심 그룹을 정한다. 그리고 목표 고객을 구체화하면 타깃 페르소나의 뼈대가 잡힌다.

| 그림 19. 뼈대 잡기 예시 |

핵심 그룹 캠핑이 취미인 액티비티 매니아

- 3545 기혼 남성
- 고가의 장비/의류를 소비할 능력이 있지만 과시보다는 합리적인 소비 선호
- 한 달에 한 번은 가족들과 캠핑 또는 당일치기 액티비티를 즐김
- 주변 지인들에게는 '캠핑 잘 다니는 친구/동료'로 알려져 있음
- 자녀들에게 많은 경험을 제공하는 것을 중요시 함
- 얼리어답터 성향이 있어 새로운 테크/아웃도어 제품에 관심

그 다음으로는 뼈대에 살을 붙이면 된다. 목표 고객의 특성을 중심으로, 이 인물이 어떤 사람일지 구체적으로 상상을 뻗어 나가는 것이다. 제품과 직접적인 관계가 없는 부분까지도 확장해, 고객이 되어줄 '그 사람'의 일상을 떠올리면 된다. 일상은 얼마나 바쁜지, 혼

자만의 시간을 어떻게 보내는지, 여행은 자주 가는지 등을 상상하다 보면 캐릭터에 대한 더 깊은 이해를 끌어낼 수 있다.

물론 나의 목표 고객 집단에 들어가는 모든 사람들이 페르소나와 100% 일치하지는 않을 것이다. 하지만 숫자와 단어들로만 이루어졌던 목표 고객에 대한 정보를 '페르소나'를 통해 하나의 인물처럼 만들어두면, 우리는 고객에게 더 쉽게 말을 걸고 흥미를 유도해 볼 수 있다. 취향을 저격하는 콘텐츠 기획이 가능해지는 것이다.

예를 들어 합리적인 소비를 선호하는 43세 남성 캠핑 마니아 페르소나에게는 감성 캠핑 분위기를 내는 디자인보다 가격 대비 높은 퀄리티와 사용성이 더 중요할 것이다. '램프 하나로 분위기 맛집'되는 특징보다는, 15년 업력의 아웃도어 장비 브랜드에서 만들었다는 사실에 더 열광할 것이다. 그리고 우리는 이 페르소나의 취향을 저격하려면 인스타그래머블한 감성을 강조한 콘텐츠보다는 전문성과 신뢰, 활용도가 강조된 상세페이지가 필요하다는 점을 파악할 수 있다. 20대 소비자의 귀엽고 통통 튀는 말투로 SNS에 좋아요가 잔뜩 달린 후기보다는, 캠핑 커뮤니티에서 보일 법한 말투로 '이 조명 하나면 보조 랜턴 다 필요 없습니다. 5년째 고장 없이 쓰고 있습니다'와 같이 품질을 인증하는 후기가 더 적절함을 알 수 있다. 이를 바탕으로 상세페이지를 제작한다면 '40대 캠퍼들 주목!'과 같이 타깃을 직접 언급하지 않아도 자연스럽게 페르소나와 비슷한 특징을 가진

너, 내 소비자가 돼라

고객들을 집중시킬 수 있다.

| 그림 20. 타깃 페르소나 예시 |

캠핑·아웃도어 브랜드 A의 페르소나

- 남성/ 43세(기혼)/ 대한민국 서울특별시
- IT기업의 시니어 소프트웨어 엔지니어로, 졸업 후 바로 IT 계열의 대형 기업에 취업하여 근무 중
- 아내와 함께 1명의 자녀를 키우며 가정을 꾸리고 있음
- 주말에 영화, 넷플릭스 시청보다는 도시를 떠나 캠핑하고 낚시하는 것이 취미
- 차를 바꾼다면 벤츠보다는 랜드로버 디펜더로
- SNS에 관심은 없지만, 가족들과의 추억을 기록하기 위해 계정을 만듦
- 인스타 맛집보다 단골 노포를 찾는
- 트렌디함보다는 베이직함 선호, 옷장에는 좋아하는 디자인의 티셔츠, 청바지로 거의 채워져 있음

타깃 페르소나에 꼭 맞는 상세페이지를 만들기 위해서는 톤앤매너tone and manner를 다룰 줄 알아야 한다. 여기서 '톤'은 어조나 말투, '매너'는 태도나 방식을 뜻한다.

상세페이지의 톤앤매너를 잡기 위해 가장 중요한 요소는 '보이스 톤'이다. 우리는 이미 앞선 챕터를 통해, 말을 거는 대상에게 최적화된 말투를 가져야 한다는 것을 배웠다. 타깃 페르소나를 명확하게 알면 알수록 맞춤 보이스 톤을 설정하기가 쉽다. 일상에서도 사람의 나이, 성별, 직업, 사회적 위치, 가치관 등을 알면 그 사람이 어떤 말을 좋아하고 싫어할지 파악하고 말을 가려 할 수 있는 것처럼, 상세페이지에서도 페르소나를 활용하면 더 구체적인 보이스 톤을 세팅

할 수 있는 것이다.

예를 들어 26세의 직장인 여성 소비자 페르소나를 위해, 20대 여성이 말하는 듯한 친근한 분위기의 상세페이지를 연출해야 한다고 가정해 보자.

- 격식보다는 친근감을 느낄 수 있도록 합쇼체 대신 해요체 사용
- 귀하, 고객님 등의 단어 사용 지양
- 수동체보다는 능동체 사용
- 한자어 대신 한글이나 영어 단어 활용
- 여성 소비자에게 반감을 주거나 사회적 이슈가 되었던 단어·문구 지양
- 문장을 강조할 때 느낌표나 물결 대신 이모지emoji 활용
- 너무 어린 친구들을 위한 제품 같지 않도록 10대 또는 20대 초반이 자주 사용하는 유행어는 사용하지 않음

이처럼 타깃 페르소나가 흥미와 신뢰를 느끼는 말투를 찾아 상세페이지에 적용해 보자. 만약 타깃 페르소나의 연령대와 자신의 연령대가 달라 어떤 보이스 톤을 설정해야 할지 모르겠다면, 내 제품과 유사한 목표 고객을 가진 경쟁사의 상세페이지를 둘러보는 것도 좋다.

보이스 톤이 잡혔다면 이제 디자인의 톤을 잡아야 한다. 작업물에 대한 전체적인 컨셉과 분위기를 시각적으로 표현한 것이라고 이

해하면 좋다. 소비자의 마음을 움직이는 디자인 톤앤매너에 절대적인 정답은 없다. 디자인 세계에서는 때때로 기본이라고 알려진 틀을 깬 디자인들이 더 주목받기도 하기 때문이다. 단, 어떻게 시작해야 할지 막연하다면 다음과 같은 기준을 참조해 보아도 좋다.

'색'은 상세페이지의 분위기를 결정하는 결정적인 요소 중 하나이다. 상세페이지 속에는 다양한 색상들이 존재하는데, 대표적으로 제품 패키징의 색, 사진의 색감, 카피의 폰트 색상, 일러스트 이미지에 들어가는 색상 등이다. 이들이 모여 상세페이지 전체의 색을 결정한다.

상세페이지의 디자인 작업을 할 때는, 최대 3개 정도의 색상만 주력으로 활용하는 것이 좋다. 색이 너무 많으면 시선이 복잡하고 지저분하다는 인상을 줄 수 있기 때문이다. 만약 브랜드에서 정해 놓은 BI 및 키key 컬러가 있다면 상세페이지 디자인에 활용하자. 참고할 수 있는 중심 컬러가 없는 경우, 제품 촬영컷을 포토샵이나 파워포인트에 띄워놓고 '스포이드' 기능을 활용해 제품의 색상을 추출해서 사용할 수 있다. 사진에서 추출한 색상으로 상세페이지의 카피를 작성하면, 사진과 자연스럽게 어울리는 콘텐츠를 만들 수 있다.

컬러마다 연출하는 기본적인 분위기를 참고해 보는 것도 좋다. 채도가 높은 노랑, 빨강, 초록, 파랑 등의 색상은 밝고 톡톡 튀는 분위기, 에너지가 넘치는 분위기를 연출할 수 있다. 내추럴하고 편안한 분위기를 원한다면 명도는 높고, 채도는 낮은 색상을 써보아도 좋다. 반대로 명도와 채도 모두 낮은 어두운 계열은 고급스럽고 시크한 분위기를 내서 장인 정신과 같은 가치를 강조할 때 유용하다.

폰트의 종류 역시 디자인의 톤앤매너를 결정하는 데 큰 영향을 준다. 고딕체라고 더 많이 알려진 '산세리프 san-serif'체는 획의 삐침이 없는 폰트로, 깔끔하고 모던한 느낌을 준다. 가독성이 뛰어나 모바일 환경에서 가장 많이 사용되는 폰트이기 때문에, 페르소나의 연령대가 어린 편이라면 추천하는 폰트 계열이다. 반면 명조체인 '세리프 serif'체는 서적과 신문 등 전통적인 인쇄물에 널리 쓰이는 폰트이다. 클래식하고 진지한 이미지를 연출하고, 통통 튀는 보이스 톤보다는 차분하고 우아한 보이스에 더 잘 어울린다. 전문성이나 장인정신을 강조하고 싶을 때 명조체 계열을 활용하면 효과적이다. 이 외에 손글씨체 같은 특수한 폰트도 있다. 손글씨체는 개성이 뛰어나 디자인적으로 활용하기 좋지만, 가독성이 높지 않다는 단점도 가진다. 이러한 폰트는 강조가 필요한 키워드나 디자인에 부분적으로 활용하고, 긴 카피를 작성할 때는 피하는 것을 추천한다.

이외에도 타깃 페르소나의 취향을 공략하기 위해 모델 선정이나 화보 소품 활용 등 다양한 디자인적 요소를 통일하면 좋다. 그동안 단지 제품을 설명하는 일에만 집중했다면, 앞으로는 소비자들이 무의식 중에 '꼭 나같은 사람을 위한 상세페이지'라는 생각을 가질 수

| 그림 21. 순서대로 산세리프-세리프-손글씨 |

특별한 단 한 벌이 아닙니다.
당신의 매일을 함께할, 가장 평범한 옷입니다.

특별한 단 한 벌이 아닙니다.
당신의 매일을 함께할, 가장 평범한 옷입니다.

특별한 단 한 벌이 아닙니다.
당신의 매일을 함께할, 가장 평범한 옷입니다.

있도록 상세페이지 구석구석을 면밀하게 채워보길 바란다. 차갑게 얼어있던 고객들의 마음이 녹아, 구매까지 도달하는 고객이 하나둘 늘어나는 것을 발견하게 될 것이다.

08 솔루션 제안하기

●

부정보단 긍정,
불편보단 행복

여기 한 상세페이지가 있다. '샴푸 쓰면 탈모 더 심해져요'라는 카피와 함께, 머리카락이 잔뜩 빠져 있는 화장실 바닥이 보이는 사진 한 장이 오프닝에서 눈에 띈다. 이 상세페이지를 우연히 마주한다면 어떤 생각이 가장 먼저 들까?

우리가 소비하는 거의 모든 제품은 일상의 크고 작은 문제를 해결함으로써 필요성을 어필한다. '문제를 해결해 주는 신제품'이라고 하면 독특하고 새로운 아이디어 상품을 떠올리는 사람이 많은데, 사실 대부분의 제품은 기존 제품이 아직 제대로 해결하지 못한 문제를 개선하는 정도이다.

너, 내 소비자가 돼라

아래 예시의 제품들은 세상에 처음 나온 제품은 아니지만, 기존 제품보다 기능이 강화된 부분을 강조하며 구매의 필요성을 어필하는 제품이라고 볼 수 있다.

- 탈모를 해결해 주는 탈모 샴푸
- 잘 안 지워지는 얼룩까지 깨끗하게 지워주는 세정제
- 동물 보호에 앞장서는 비건 가죽 가방
- 건성 피부를 위한 보습력 좋은 바디 로션
- 귀찮은 손질 없이 먹을 수 있는 세척 생과일 제품

어떤 문제를 해결하기 위한 제품일수록, 소비자에게 제품의 필요를 강하게 어필하고 싶어하는 판매자일수록 상세페이지에 '문제 상황'에 대한 서사를 집어넣는다. 그리고 많은 판매자들이 "그동안 불편하셨죠?" 등의 전개로 부정적인 상황을 묘사하거나, '나만 안 하고 있는 거 아니야?' 하는 불안감을 자극해 구매를 유도한다. 이런 콘텐츠들은 주로 자극적인 내용을 담고 있어 순간적으로 강한 후킹을 만들기도 한다. 그래서 주로 인지 구간인 썸네일이나 SNS 광고, 상세페이지 제목, 오프닝에 주로 활용된다. 사람이 마음 약해지는 포인트를 정확히 짚어 이를 집중 공략하는 것이다.

하지만 공감대 형성을 위해 부정적인 심리를 자극하는 콘텐츠는 결코 최선의 공감 전략이 아니다. 자극적인 만큼 반짝 집중도를 높일 수는 있다. 하지만 이 순간적 유입에 현혹되어서는 안 된다. 소비자들의 지갑을 열기 위해서는 자극적인 내용, 그 이상이 필요하다. 단지 자극적이기만 한 콘텐츠는 구매 여정의 '인지'를 신뢰까지 이동시키는 데 효과적이지 않다. 특히 꼼꼼하게 검색하고 고민하는 고관여 소비 패턴을 가진 소비자라면, 자극적인 광고 하나 봤다고 '눈길이 가는데 한 번 써볼까?' 하는 마음이 들지는 않는다.

불안감을 강조한 내용은 부정적 감정만 기억에 남기는 역효과를 가져온다. 심리학에서 '초두 효과Primary effect' 또는 '첫인상 효과'라고 하는 이 현상 때문이다. 사람들은 같은 내용의 콘텐츠를 접해도 첫인상에 따라 각자 다르게 기억한다. 우리 뇌가 상대방에 대한 호감이나 신뢰 여부를 아주 짧은 순간에 판단하기 때문에 가장 먼저 제시된 정보와 감정이 그 이후에 알게 된 정보보다 더 강력한 영향을 미치는 것이다.

부정적인 이야기로 시작하면 부정적인 감정이 더 크게 남는다. 부정적인 콘텐츠가 머릿속에 각인되면, 이후 제품에 관한 정보도 '부정적'이라는 심리의 공간에 들어갈 확률이 높다. 앞서 언급한 예시처럼 '샴푸를 사용하면 탈모가 더 심해진다'는 카피와 머리가 잔뜩 빠진 사진이 등장한 상세페이지는 탈모에 대한 고민과 지저분한 화장실 바닥 이미지로 머릿속을 꽉 채운다. 이 상황에서 '건강한 모발'이라는 긍정적인 이미지를 즉각 떠올리는 사람은 굉장히 드물 것이다.

너, 내 소비자가 돼라

페인 포인트ᵖᵃⁱⁿ ᵖᵒⁱⁿᵗ[5]를 기반으로 하는 문제 제기가 유일한 공감대 형성 방법은 아니다. 불편함에 대한 서사 없이도 공감대 형성은 충분히 가능하다. 제품이 없을 때 얼마나 불편한지 보여주고 싶다고 해서 꼭 그 상황 전체를 묘사하지 않아도 된다. 대신 제품을 사용했을 때 바뀌는 경험에 대해 먼저 어필할 수 있다. 예를 들면 강풍 드라이기 상세페이지에 '아침에 머리 말리느라 불편하셨죠?' 대신 '출근 준비가 30분 빨라져요'라는 카피를 사용하는 것이다. 또는 키워드로만 가볍게 암시해도 불편 상황에 대한 공감대 형성이 가능하다. '프로 늦잠러를 위한 헤어 드라이어'와 같은 식으로 표현하면 자연스럽게 머리 스타일링 하기 어려웠던 촉박한 평일 아침을 떠올릴 수 있고, 이 제품이 아침에 얼마나 많은 시간을 절약해줄지 예상하도록 할 수 있다.

만약 공감대 형성을 위해 불편함을 직접적으로 묘사해야 할 경우, 이 두 가지를 꼭 기억하자. 첫째, 상세페이지에 불쾌감을 줄 수 있는 사진을 배치한다면 오프닝 구간보다는 본론 구간에 넣는다. 스토리텔링에서 꼭 필요한 곳에만 짧고 굵게 배치하여, 너무 오래 노출되지 않도록 하는 것이 좋다. 둘째, 본론에서 해소할 수 없는 비약적인 후킹은 자제하자. 오프닝에서 쌓은 공감대 형성은 본문과도 연

---

5 소비자가 지속적으로 불편, 불안, 고통을 느끼는 지점을 말한다. 페인 포인트를 기반으로 소비자의 필요와 욕망이 발현된다.

결되어야 한다. 오프닝에서 제품을 더 알아보고 싶게 만들었는데 본문에서 이를 해소하지 못한다면, 낚시성 콘텐츠가 될 뿐이다. 상세페이지의 구매 전환율도 떨어질 뿐 아니라, 판매자나 브랜드 선체 이미지에 타격을 줄 수 있으니 주의해야 한다.

마케팅 컨설팅 회사의 CEO이자 『무기가 되는 스토리』(월북, 2018)의 저자인 도널드 밀러는 고객이 주인공이 되어 난관을 만나고, 기업(제품)이 조력자로서 문제를 해결하게 도와 성공으로 끝맺는 '해피엔딩' 스토리텔링에 고객을 움직이는 힘이 있음을 강조했다. 제품이 문제를 해결하는 것에서 끝이 아니라 고객이 해피엔딩에 도달했을 때 더 강력한 마케팅 효과가 난다는 것이다.

상세페이지에서도 부정이 아닌 긍정 경험을, 불편함이 아닌 행복함을 팔아야 한다. 단순히 후킹성 콘텐츠로 사람들을 집중하게 하는 것이 아니라, 구매 전환이라는 목적지까지 이끌기 위해서는 해피엔딩의 힘이 필요하다. 일부러 부정적인 감정을 끌어 올리기보다는 제품이 가진 긍정적인 강점에 초점을 맞추고, 고객이 도달할 수 있는 긍정적인 변화를 제안하면서 공감대를 형성해 주어야 한다. 부정 대신 긍정 경험을 파는 상세페이지는 소비자들이 자연스럽게 '내가 사용하는 모습'을 상상할 수 있게 한다. 이 제품을 사용했을 때 어떤 모습일지, 어떻게 좋을지 상상할 수 있는 상세페이지에 소비자들은 더 쉽게 몰입할 수 있다.

경험하는 순간,
생생한 1분

판매자에게 제품을 묘사할 수 있는 능력은 기본 중의 기본이다. 판매자가 제품에 대해 제대로 설명하지 못한다면 아무도 제품을 이해할 수 없기 때문이다. 경험은 구체적이고 생생할수록 더 큰 힘을 발휘한다. 구매할 계획이 전혀 없었던 사람이 내 제품을 필요한 제품으로 인식하려면, 고객이 제품을 사용하는 순간을 상상할 수 있도록 돕는 상세페이지가 필요하다. 우리는 고객이 제품을 사용하는 그 1분의 시간을 생생하게 그려보고, 그 순간 고객들이 어떤 생각을 하며, 제품의 어떤 특징에 어떻게 감탄할지 미리 파악해 놓아야 한다. 그리고 이 포인트들을 자연스럽게 제안하는 상세페이지를 통해 제품의 '긍정 경험'을 판매하면 된다.

생생한 1분 묘사는 구체적인 장소와 상황을 보여줌으로써 가능하다. 빠르게 몇 가지 예시를 살펴보자. 예를 들어 '이 가방은 가볍고 편합니다'라는 문장이 있다. 장소나 상황 없이, 그저 가방을 묘사한 문장이다. 여기에 '등산길'이라는 장소를 더해주면 가방은 '가볍고 편한 등산 가방'이 될 것이다. 그리고 다시 여기에 '무거운 짐을 지고 힘겹게 걷는' 상황을 더하면 다음과 같은 말로 가방을 소개할 수 있게 된다.

'오래 메고 걸어도 어깨가 편안한 등산 가방'

'무게를 더하지 않아 정상에 도착하는 속도를 더 빠르게 만들어줄 가방'

가볍고 편하다는 문장보다 훨씬 더 풍성하고 구체적인 표현으로 제품을 소개할 수 있고, 제품의 차별점도 임팩트 있게 강조된다.

또 다른 예시로 '푹신한 인솔이 적용된 하이힐'을 생생하게 바꿔보자. 평범한 제품 설명에 '출퇴근길 꽉 찬 지하철'이라는 장소와 '오랜 시간 서서 이동해야 하는 불편함'을 담으면 이런 문장을 만들 수 있다.

'반창고 투혼 끝, 출퇴근길 지옥철도 거뜬히 버티는 편안함'

고객은 발에 물집이 잡혀 반창고를 붙여야 했던 지난 날들을 자연스럽게 떠올리며 이 제품이 얼마나 편안할지 이해하고, 그래서 나에게 얼마나 필요한지 생각하게 된다.

이렇게 용도와 사용 경험이 구체적인 상세페이지는 고객들이 '꼭 나 같은 얘기다'라며 공감대를 형성하는 데 효과적이다. 강력한 공감대 형성은 곧 제품에 대한 필요성으로 이어져, 제품 구매 욕구도 더 강하게 느끼게 된다.

읽는 사람에 따라 다르게 이해할 수 있는 추상적인 형용사는 지양하는 것이 좋다. 경험을 묘사할 때 '편안한', '세련된', 트렌디한' 등의 형용사에만 의존한다면 다소 진부하다는 인상을 주게 된다. 제임스 스콧 벨이라는 소설가는 『소설쓰기의 모든 것』(다른, 2018)에서 일반적인 형용사나 부사(예컨대 '매우'와 같은)로 말하지 말고, 다양한 자극이 살아있는 묘사로 '보여주는' 글을 써야 더 몰입도 있고 효과적인 글이 될 수 있다고 설명했다. 형용사나 부사가 주렁주렁 달린 문장은 알맹이 없는 과일과 같다.

형용사는 판매자가 직접 언급해서 알려줘야 하는 특징이 아닌, 고객이 직접 느껴야 하는 감정이기도 하다. 친절한 식당이 '우리 가게는 친절해요'라고 스스로 말하지 않듯, '이 제품은 트렌디한 디자인을 가지고 있어요'와 같은 표현은 내 입이 아니라 고객 마음에서 우러나왔을 때 더 효과적이다.

제품을 수식할 때는 추상적인 감정을 만들어내는 구체적인 요소들을 함께 짚어주면 보다 생생한 장면과 감정을 묘사할 수 있다. 숫자를 활용하는 것도 생생한 경험 묘사에 효과적이다. 숫자는 추상적이고 모호한 경험을 구체화해 줄 뿐 아니라, 고객들이 빠르게 집중하도록 만드는 효과도 있어 실제 마케팅 카피에서도 빈번히 활용된다.

구체적인 표현과 묘사로 생생한 경험을 담아내는 일이 처음에는 어렵고 낯설 수 있다. 추상적인 표현이나 형용사 사용에 이미 익숙해져, 매번 구체적인 표현을 떠올리는 일이 번거롭게 느껴질 수도

■ 형용사를 구체적인 특징과 함께 표현한 경우

부드러움	0.1%의 따가움도 용납하지 않는 부드러움
달콤하다	끝 맛에 살짝 꿀 향이 나면서 달콤함이 입 안에 퍼진다

■ 형용사를 직접 사용하지 않고, 장면을 묘사해 감정을 전달한 경우

맛있다	숙성 재료를 사용하여 더 깊은 감칠맛을 낸다
질리지 않는 맛	그 자리에서 연속으로 5개나 까먹고 싶게 만드는 마성의 맛
세련된 디자인	정장과 코디해도 어울리는 색상과 소재
걷기 편하다	구름 위를 걷는 기분

■ 숫자를 사용해 구체적으로 묘사한 경우

긴 머리가 빨리 마른다	긴 머리도 1분 만에 말라요
가볍다	500ml 생수보다 가벼운 무게
저렴하게 운동할 수 있다	한 달 만 원으로 누리는 일대일 필라테스
높은 할인률	60% 할인률

있다. 하지만 상세페이지 속 문구 한 줄이, 단어 하나가 소비자의 구매 결정에 영향을 미친다는 것을 기억하자. 도달할 수 있는 성과를 생각한다면 생생한 1분 묘사는 일부러 연습을 해서라도 익숙해질 가치 있는 글쓰기 습관이다. 게다가 앞으로 내 브랜드를 계속해서 운영해 나갈 계획이라면 하루라도 빨리 익숙해지는 것이 여러모로 유리하다. 처음부터 모든 텍스트를 풍성하게 쓰려고 애쓰지 말고, 작은 단어부터 차츰차츰 시작해 보자. 언젠가 나도 모르는 새 '글 잘 쓰는 사람'이 되어 있을 것이다.

너, 내 소비자가 돼라

온라인 장벽을 무너뜨리는
이미지 활용법

인터넷 쇼핑, 모바일 쇼핑의 시대 한 가운데 있지만 여전히 오프라인 쇼핑을 선호하는 사람들이 있다. 쿠폰이나 적립금, 할인 혜택을 위해 실제 구매는 온라인으로 하더라도, 오프라인 스토어가 있다면 가급적 들러서 실물을 확인하는 사람들이 여전히 많은 것이다.

온라인의 시대가 왔지만 오프라인 매장에 여전히 발길이 끊기지 않는 이유는 바로 '실물 경험'이다. 우리는 오감을 통해 제품의 정보를 읽어내는 일에 익숙하다. 촉각을 사용해 제품을 직접 만져보고 시각을 통해 제품의 마감 처리까지 구석구석 살피고 제품에 따라 후각을 통한 시향을 하거나 미각을 동원한 시식을 하고, 제품을 직접 작동시켜 보기도 한다. 다양한 체험을 통해 나에게 사용 가치가 있는 제품인지 파악하는 것이다. 오프라인 쇼핑을 하는 소비자는 누가 일일이 설명해 주거나 제품 설명서를 정독하지 않아도 다각도로 많은 정보를 자연스럽게 습득하게 된다.

한편 온라인 공간에서는 고객들이 모니터나 스마트폰 화면을 통해서 제품의 정보를 얻는다. 그러다 보니 전달되는 감각이 한정적이고, 시각 중심으로 정보를 읽을 수밖에 없다. 이렇게 다른 감각이 부재하는 상황은 소비자의 구매를 망설이게 만드는 주요 원인이 된다.

시각 자료에만 의지해 정보를 탐색해야 하는 온라인 쇼핑은 기본적으로 잠재적인 구매 리스크가 숨어있다. 경험을 통한 정보 제공이 충분하지 않은 경우, 소비자는 구매한 제품이 '내가 원하던 제품이 아닐 가능성'을 떠안게 되기 때문이다.

아무리 예뻐 보이는 옷이라도 소재나 마감이 안 좋으면 제품 매력이 떨어지고, 모델에게 멋져 보이는 핏도 내가 입었을 때 어색하면 실패한 구매가 된다. 상세페이지와 전혀 다른 제품을 받을 위험도 있다. 실제로 SNS나 제품 후기를 보면 온라인 쇼핑 망했다는 이야기를 왕왕 볼 수 있다. 이런 구매 실패 리스크를 부담해야 하는 소비자는 더 보수적으로 제품을 살피게 되고, 쇼핑 실패에 관한 후기를 발견한다면 빠르게 마음이 식어 페이지를 이탈해 버리기도 한다.

소비자들은 필요로 하는 정보가 충분히 제공되어야 확신에 찬 손끝으로 구매 버튼을 누를 수 있다. 오프라인 공간에서 오감을 통해 제품을 경험했던 것처럼 온라인 공간에서도 제품을 경험할 수 있어야 한다.

온라인 쇼핑에서의 이미지는 '제품 외관' 그 이상의 중요성을 가진다. 상세페이지에는 단순히 '예쁜 사진 여러 컷'이 아니라 제품을 간접 경험하게 하고 온라인 장벽을 무너뜨려 구매 리스크를 줄일 수 있도록 하는 전략적인 이미지가 필요하다. 그동안 상세페이지 속 이미지가 흰 배경의 제품 컷, 소품과 연출된 스튜디오 화보가 전부라고 생각했다면 앞으로는 다음 네 가지 이미지 콘텐츠를 활용해 더 생생한 상세페이지를 만들어보길 바란다.

첫 번째는 촉각 경험을 대체할 '클로즈업' 이미지이다. 클로즈업 이미지는 온라인에서도 시각과 촉각을 간접 경험할 수 있게 해준다. 소재의 질감을 그대로 느낄 수 있도록 아주 가까이서 촬영한 클로즈업 이미지를 활용해 보자. 보슬보슬 올라오는 원사의 솜털이나 원단의 짜임이 보일 정도로 근접하게 촬영된 사진들을 활용하면 효과적이다. 주얼리 제품이라면 눈으로, 혹은 눈으로도 보기 어려운 초근접 클로즈업 이미지를 추천한다. 고가의 주얼리를 오프라인 매장에서 구매하거나 착용해볼 때, 자세히 들여다도 보고 멀찌감치 떨어뜨려도 보는 고객의 모습을 생각해 보면 쉽게 이해할 수 있다. 초근접

| 그림 22. 클로즈업 이미지 예시 |

클로즈업 이미지들은 제품의 외관을 보여줄 뿐 아니라 제품의 만듦새나 퀄리티, 표면, 질감, 디테일 등 다양한 면모를 담을 수 있다.

두 번째는 생동감 있는 GIF이다. 음식 제품처럼 미각, 후각이 구매 결정에 중요한 영향을 준다면 이 감각을 대체할 수 있는 생생한 시각 자료들이 필요하다. 식재료의 단면을 자르고 속을 보여주거나 손으로 눌렀을 때 육즙이 쭉 흘러나오는 장면, 보글보글 끓고 있는 모습을 생동감 있는 GIF로 담으면 효과적이다. 제품을 직접 작동시켜 보면 좋은 전자 제품이나, 원단의 탄성과 구김이 잘 가는 정도를 확인하고 구매하는 의류 제품도 GIF 사용을 추천한다. 드라이기의 센 바람으로 공을 움직이게 하거나, 옷을 손으로 늘려 탄성을 보여주는 등 제품의 성능을 보여주는 다양한 시연 장면을 GIF로 담아 보자. 간접 경험을 통해 소비자가 제품을 더 빨리 이해하도록 만들 수 있다.

제품의 제형, 질감이 중요한 뷰티 제품 역시 GIF 이미지가 유용하다. 오프라인 매장의 사용 견본품으로 고객이 어떤 정보를 얻는지 생각해 보며, 하나씩 온라인 공간에도 옮겨보자. 선크림의 끈적임 정도를 보여주고 싶을 땐 손등에 제품을 바르고, 종이 조각을 그 위에 올렸다 떼면서 얼마나 끈적임이 남아 있는지 보여줄 수 있다. 잘 지워지지 않는 지속력이 특징인 아이라이너라면 피부에 가볍게 그린 후 손으로 문질러도 지워지지 않는 모습을 담아낼 수 있다.

너, 내 소비자가 돼라

세 번째는 익숙한 무언가와 비교하는 이미지의 활용이다. 소비자들은 '12센치의 콤팩트한 우산'이 실제로 얼마나 작은지 와닿지 않는다. 반면 '아이폰 보다 작은 우산' 이라는 문구와 함께, 아이폰 옆에 우산이 놓여 있는 사진이 상세페이지에 들어 있다면 단번에 이해할 것이다. 꼭 크기가 비슷한 대상을 찾지 않아도 괜찮다. 크기에 비해 뛰어난 수납력이 특징인 미니 냉장고 제품이라면 냉장고 안에 500ml 생수가 얼마나 들어가는지 보여줌으로써 크기와 용량을 가늠하도록 만들 수 있다. 또는 사람이 냉장고 옆에 서 있는 이미지로 냉장고의 대략적인 크기를 체감하도록 만들 수도 있다.

단, 비교 사진을 활용할 때는 유의점이 있다. 비교는 모든 사람에게 보편적으로 익숙한 대상과 하는 것이 좋다. 스마트폰, 동전, 신용카드, A4용지, 500ml 생수 등 누구나 쉽게 기준을 삼을 수 있는 대상을 선택하도록 하자. 아무도 모르는 물건과 비교하면 소비자의 머릿속 물음표를 해소할 수 없다.

그리고 비교 사진을 활용하는 목적이 실물 체감에 있다는 사실을 잊어서는 안 된다. 목적이 '우열 가리기'로 변질되는 순간, 「표시광고의 공정화에 관한 법률」에 따라 '부당한 표시·광고 행위'로 간주될 수 있다. 직접적으로 비교 대상의 제품이 나쁘다고 말하는 것뿐 아니라, 간접적으로라도 비교 대상은 열등하고 내 제품이 더 좋다는 암시를 담아서도 안 되니 주의해야 한다.

마지막 네 번째는 보정 없는 이미지를 활용하는 것이다. 상세페이지에 일반인이 찍은 듯한 '전문적이지 않은' 사진을 사용하면 절대 안 된다고 생각하는 판매자들이 많은데, 의외로 이런 무보정 이미지들이 유용하게 쓰이는 곳이 상세페이지다.

제품을 매력적으로 연출한 스튜디오 사진은 소비자들의 관심과 흥미를 자극하는 데 효과적이다. 하지만 '그래서 내가 썼을 때 괜찮을까?' 하는 의문에는 답해주지 못한다. 특히 모델이나 보정, 연출에 따라 착용 경험이 크게 달라지는 의류 제품은 그 의문이 구매 결정에 큰 영향을 미친다.

이때 일반인들의 무보정 착용 이미지는 큰 힘을 발휘한다. 모델이 아닌 다양한 일반 소비자가 제품을 착용하고 있는 사진, 스튜디오가 아닌 집, 카페, 길거리 등 일상의 공간에서 찍힌 현실적인 사진은 '내가 피팅해 본 느낌'을 가져다준다. 실제로 많은 의류 쇼핑몰에서 고객들의 '포토 후기'를 모으는 일에 열심이다. 많은 후기로 '인기 상품'을 인증하려는 의도도 있겠지만, 다양한 실제 착용 사진이 새로운 고객을 만드는 데 효과적임을 알기 때문이다.

이제 막 시작한 스몰 브랜드라면 새로운 고객이 참고할 만한 후기 사진이 아직 쌓이지 않았을 것이다. 그렇다면 직접 마련하면 된다. 전문 모델이 아닌 본인이나 가족, 지인들이 제품을 입은 사진을 활용해 보자. 얼굴 노출이 부담스럽다면 가리면 된다. 여건이 된다면 키·몸무게·체형이 다양한 여러 일반인 모델을 섭외해도 좋다. 연출된 상황이 아닌 곳에서 스마트폰으로 찍은 후기 같은 사진을 상세페이지 하단에 배치하면, 고객들은 제품을 실착했을 때의 모습을 상상해 볼 수 있다.

상세페이지에 '상세한' 이미지가 활용되어야 한다는 것은 당연한 말 같지만 놀랍게도 생각보다 많은 스몰 브랜드들이 놓치고 있는 부분이다. 온라인 장벽을 무너뜨리는 이미지 전략의 핵심은 소비자가 오프라인 매장에서 제품을 살펴 보는 것을 간접 경험하게 해주는 데에 있다. 제품의 전체적인 디자인만 보여주는 화보 사진으로 상세페이지를 가득 채울 것이 아니라, 질감은 어떤지, 사용감은 어떤지 파악할 수 있는 사진과 GIF로 상세페이지를 풍성하게 구성해 보자. 오프라인 공간에서 소비자가 제품을 만지며 오감으로 읽어내는 정보를 온라인에서도 읽을 수 있다면, 내 상세페이지의 매출도 달라질 것이다.

09 행동을 결심하게 만드는 요소들

단점을 장점으로 만드는
한 끗 차이

이 세상 모든 소비자에게 100%의 만족도를 주는 완벽한 제품은 없다. 이는 마치 상상 속의 동물 유니콘처럼 우리의 가슴 속에만 존재할 뿐이다.

'내 제품은 완벽한데요?' 하고 생각했다면 그동안 걸어왔던 길을 다시 한번 찬찬히 돌아보자. 단점이라고 해서 꼭 낮은 품질이나 심각한 제품 결함을 말하는 것이 아니다. 살펴보면 제품의 품질을 운운할 정도까진 아니지만, 소재 특성상 어쩔 수 없이 안고 가야만 하는 특징 같은 것들이 있을 것이다. 나는 완벽하다 생각했지만 소비자들이 불편하다고 피드백을 줬던 크고 작은 문제점도 있을 것이다.

게다가 단점이라는 것이 굉장히 주관적이다. 고객의 취향이나 안목에 따라 '적당히 잘 만든 제품'이 될 수도, '단점이 많은 제품'이 될 수도 있다.

이렇게 단점을 파헤치다 보면 나에게 불리할 수 있는 정보를 아예 숨겨야겠다는 결론을 내리게 된다. 예를 들면 이런식이다. 유통기한이 상대적으로 짧은 제품이라 사람들이 안 좋게 볼 것 같다고 생각한 판매자는 유통기한 관련 안내는 상세페이지 하단에 아주 작게 기재해 두고 다른 내용들로만 빵빵하게 채운다. 또는 '내 제품은 다 좋은데 시중 제품보다 무거운 편이야. 요즘 경량이 유행이긴 한데, 괜히 언급했다 고객만 줄어드는 거 아닐까?'라는 생각에 멈칫한 판매자는 무게 관련 정보를 쏙 빼고 제품의 다른 장점만 강조하는 상세페이지를 만들게 된다.

없는 것을 있다고 말하면 과장 광고로 문제가 되지만 있는 것을 없는 척해도 문제가 된다. 충분한 정보 고지 없이 제품을 만난 소비자들이 이렇게 반응하기 때문이다.

"생각보다 별로네요."
"이런 제품을 팔다니, 실망이에요."
"기대한 것과 많이 달라요. 환불할래요."

제품의 단점을 무작정 숨기면 독이 된다. 알권리를 침해당한 고객은 아주 사소한 점에도 속았다는 생각을 가지게 된다. 시간과 비용을 들여 제품을 구매했지만, 판매자가 제대로 사전에 알려주지 않아서 번거로운 상황에 처했기에 기분이 썩 유쾌하지 않은 것이다. 이렇게 되면 자연스럽게 고객들은 판매자에게 책임을 묻고, 때로 감정적인 반응을 보이게 된다. 이는 잦은 교환·환불 문의와 낮은 평점, 부정적인 후기로 이어진다. 장기적으로는 내 브랜드 전체 이미지까지 나빠질 것이다.

상세페이지에서 제품의 단점을 다루는 것은 중요하다. 다만 단점을 언급한다고 해서, 직접적으로 '이 부분이 단점이다!'라는 자폭 멘트를 던지자는 의미는 아니다. 그렇게 접근했다간 고객이 아니라 20년 지기 절친한 친구라 해도 내 제품을 구매하지 않을 것이다. 상세페이지에 단점을 소개할 때는 내 제품이 가진 아쉬운 점을 '개성'으로, 나아가 제품의 '장점'으로까지 인식하게 만드는 몇 가지 스킬이 필요하다.

첫 번째는 포기한 것보다 집중한 스펙에 대해 이야기하는 것이다. 제품의 특정 스펙에 있어 아쉬운 선택을 했다면, 반드시 그 희생으로부터 혜택을 누린 또 다른 스펙이 있기 마련이다. 수반되는 단점에도 불구하고, 내가 이 스펙을 선택한 이유도 분명히 존재한다.

보온성이 뛰어난 한 코트를 아쉬운 점에 초점을 맞춰 제품을 바라본다면, '멋있지만 무거운 것이 단점'인 코트가 된다. 반면, 제품의 경량성을 포기하면서 지키려 했던 '보온'이라는 장점을 중심으로 본다면 사뭇 달라진다. 이 제품은 '스타일을 놓치지 않으면서도 한파에 입을 수 있는 묵직한 보온성을 지닌 합리적인 가격'의 코트가 되는 것이다. 또 다른 예시를 들어 보자. 소비기한이 고작 7일이라는 정보만 보면 재고 떨이 상품인가? 하고 생각할 수 있다. 반면 '신선도를 유지하기 위해 유통 마진을 포기하고 당일 생산, 당일 배송을 고집'한다는 브랜드 설명을 보면, 짧은 기한이 문제라는 생각보다는 제품의 신선도와 판매자의 진정성에 감탄하게 될 것이다.

불편이 생기는 원인을 설명하여 고객을 납득시킬 수 있다면 그 특징은 더 이상 단점이 아니다. 오히려 제작자의 고집 있는 자부심과 제품의 존재 이유를 보여주는 근거가 되어 브랜드 신뢰도가 높아지는 효과를 경험할 수 있을 것이다.

두 번째는 솔직하게, 정확하게 말하는 것이다. 제품에 어쩔 수 없이 고객이 단점으로 느낄 만한 특징이 있다면 숨기기보다는 반드시 사전에 언급하는 것이 좋다. 상세페이지에서 숨긴다 한들 제품을 구매한 후에 분명 알게 될 것이다. 심지어 단점이 아닌 특징이라 제품의 반품 사유가 될 수 없다면 더더욱 사전 고지가 필요하다. 사전에 미리 리스크risk의 가능성을 고지하여 제품에 하자가 있다는 오해를 방지해야 한다. 예를 들어 특수 염료를 사용해 세탁 초반 물빠짐이 있는 청바지의 상세페이지에는 세탁과 물빠짐에 대한 안내가 있어야 한다. 천연 가죽 특성상 가죽의 무늬나 작은 얼룩이 보이는 제품이라면, 이 특징이 제품 하자가 아님을 안내해야 한다.

여기서 필요한 것은 머리 숙임이 아닌 정확함이다. 고객이 단점으로 느낄 수 있는 특징을 미리 안내하는 것은 내 제품에 단점이 있다고 사과하는 것과는 다르다. 대신 정확하게 팩트fact를 전달하는

| 그림 23. 고객의 오해를 줄이는 사전 안내 방식 예시 |

OO 목공 제품 안내

사람의 손길과 자연이 만들어낸 아름다움을 강조한 제품인 만큼, 제품마다 차이가 발생할 수 있습니다. 약간의 스크래치 및 자국은 제품 제작 과정에서 발생하는 자국으로 제품의 하자가 아니며, 수작업 과정에서 1-2cm 정도의 사이즈 오차가 발생할 수 있습니다.

단, 아래 기준에 해당하는 경우, 사용되지 않은 새 제품에 한하여 교환해 드립니다.
- 표면에 15cm 이상 상처 또는 갈라짐이 보이는 경우
- 일정하게 5줄 이상의 점 또는 지름 3cm 이상의 얼룩이 찍혀 있는 경우

것이 핵심이다. 청바지의 물빠짐과 이염 가능성에 대해 정확히 고지하고, 어떤 방식으로 세탁해야 좋은지 안내한다. 하자로 오인할 만한 특징이 있다면, 사전에 사진 자료와 함께 정확하게 안내하여 불필요한 오해와 감정 소모를 줄여야 한다.

판매자의 소신과 자신감으로 신뢰를 형성하는 것도 중요하다. 상세페이지를 통해 내가 얼마나 이 제품 분야에 대해 잘 이해하고 있으며, 제품을 사용했을 때 생길 만한 불편함과 제품의 한계를 미리 인지하고 있는지 보여주자. 판매자가 소비자들보다 제품에 대해 더 전문적으로 알고 있으면, 판매자에 대한 권위가 형성되고 소비자가 '갑'이 되어 나를 힘들게 하는 상황도 줄여볼 수 있다.

올리브 오일을 30년 동안 연구하고, 전 세계 올리브 오일을 모두 먹어봤으며, 그 노하우로 한국에서 오일을 생산하는 판매자의 상세페이지가 있다고 가정해 보자. 상세페이지에 '올리브 오일은 ○℃에서 보관하면 흰색 결정으로 굳어질 수 있지만, 제품 품질에 영향을 주지 않습니다. 안심하고 사용하세요'라는 문구가 친절히 안내되어 있다면, 오일이 하얗게 굳는다고 환불해 달라는 소비자가 많지 않을 것이다.

반면 판매자에 대한 정보도 제대로 소개되어 있지 않고, 아무런 사전 안내가 없던 상세페이지에는 '올리브 오일이 하얗게 변하던데,

불량 아니에요?'라는 댓글이 달려 불안감이 조성되거나 '내가 타사 제품 여러 개 써 봤는데 이런 경우는 처음이라 어이없네요'라며 판매자를 가르치고 혼내주려는 댓글까지 생길 수 있다.

세 번째는 아예 새로운 관점을 제시하는 것이다. 제품 자체의 셀링 포인트에서 한 발짝 벗어나, 경제성을 어필하는 방법이다. 제품의 편의성이 고객의 시간과 돈을 어떻게 아껴줄 수 있는지 고민해보자. 그리고 이를 숫자로 보여주고, 체감할 수 있게 해보자.

월 구독료가 15만 원인 도시락 구독 서비스라면, 1일 단위로 쪼개서 보여주자. 매일 먹는 식비를 생각하면 실제로 비싸지 않음을 어필할 수 있다. 실제로 한 자동차 회사는 "매일 커피 한잔 값 5,000원"으로 차를 구매하라는 할부 마케팅을 펼치기도 했다. 고객의 자원을 절약해 준다는 점 자체가 하나의 훌륭한 셀링 포인트가 되어, 여러 유사 제품 중 내 제품을 선택하도록 돕는 것이다.

이렇게 새로운 관점을 활용하면 내 제품을 돋보이게 만들기도 쉽다. 비슷하고 뻔한 많은 상세페이지 속에서 남다른 차별점을 보여주며, 더 빠르게 고객의 시선을 끌 수 있다.

단점을 장점처럼 보이게 하라는 것이 개선이 필요한 점을 교묘하게 숨기라는 이야기는 아니다. 모든 고객을 잠재 부정 후기 작성자로 보고 경계하자는 것은 더더욱 아니다. 하지만 상세페이지 하나로 시작해 롱런하는 스몰 브랜드가 되려면, 고객들이 내 제품에 대해 가질 수 있는 리스크에 대해 미리 알고 대응 방법을 마련해 둘 필요가 있다. 문장 하나, 단어 하나 차이로 고객이 겪을 불편함까지도 긍정적인 감정으로 받아들이게 만들 수 있다. 상세함이 하나 추가될 때마다, 구매 장벽도 한 칸씩 낮아진다.

제한하면 더
효과적이라고?

미국 캘리포니아 대학의 연구팀은 〈Saving the Last for Best: A Positivity Bias for End Experiences〉(2012) 라는 논문에서 초콜릿 맛에 대한 흥미로운 실험 결과를 발표했다. 해당 실험에서는 사람들을 두 그룹으로 나눠 다른 방식으로 초콜릿을 주고 얼마나 맛있는지 평가하도록 했다. A그룹에게는 초콜릿 5개를 하나씩 연속으로 주면서 '여기 다음next 초콜릿입니다'라고 말했고, B그룹에게는 같은 방식으로 초콜릿을 주다가 맨 마지막에 '이게 마지막last 초콜릿입니다'라고 말했다.

두 그룹의 참가자들은 첫 번째, 두 번째, 세 번째, 네 번째 초콜릿에 모두 비슷한 맛 평가를 했다. 하지만 다섯 번째 초콜릿에 대한 맛 반응은 극명하게 달랐다. 다섯 번째 초콜릿을 '마지막'이라고 생각하고 먹은 B그룹 사람들이 훨씬 더 맛의 점수를 높게 준 것이다. 분명 두 그룹 모두 다섯 번째 초콜릿은 똑같은 초콜릿이었는데 말이다.

마지막 초콜릿이 더 맛있게 느껴졌던 이유는 '**심리적 반향**psychological reactance'때문이다. 우리의 무의식은 무언가를 더 이상 의지대로 선택할 수 없는 상황에 처하면, 그것을 가지려는 욕망이 더 커진다고 한다. 이를 마케팅에 적용하면 자유로웠던 구매 결정권에 제약을 주고 구매 욕망을 키울 수 있다. 내가 원할 때 마음대로 구매할 수 있는 제품보다, 내가 마음대로 구매할 수 없는 제품에 대한 욕망이 더 커지는 효과를 이용하는 것이다. 우리가 '리미티드 에디션' 제품에 열광하고, '마지막 기회'라는 마케팅 문구를 보면 빠르게 결제하는 이유다.

구매를 제한함으로써 오히려 구매 욕구를 상승시키는 문구는 상세페이지 속에서도 훌륭한 구매 유도 장치가 되어준다. 살까 말까 망설이는 상황에 놓인 고객의 마음을 '톡' 한 번 건드려주고 빠르게 구매 결정을 내리도록 유도하는 것이다.

제한할 수 있는 첫 번째는 수량이다. 이는 우리에게 가장 익숙한 '심리적 반향'의 실전 사례이다. 온라인 쇼핑을 즐기다 보면 빨간 폰트로 '한정수량', '매진 임박', '품절 임박' 등의 알림이 시선을 끌거나, 제품 옵션을 선택하는 부분에 '마지막 재고'라는 알림 문구를 본 적

너, 내 소비자가 돼라

이 있을 것이다. 인기 상품이 빠르게 소진되고 있다는 점을 강조해, 지금 사지 않으면 남들에게 기회를 빼앗긴다는 메시지를 전하며 심리적 반항을 공략하는 것이다. 이처럼 상세페이지에서도 한정 생산량이나 희소성을 강조하는 것을 추천한다. 특히 제품의 재고가 많지 않거나, 특정 가격으로 판매할 할인 상품이 수량이 적을 때 유용하다. 수량 제한의 대표적인 사례를 정리하면 다음과 같다.

한정수량과 희소성 강조하기	한정수량, 단 100대 단독 수입
	50권 한정 특별판
	세상에 하나뿐인 특별한 디자인
한정적 재료 수급 강조하기	희귀 품종으로 만든 한정판 엑스트라 버진 올리브 오일
	1년에 단 열흘만 즐길 수 있는 당도를 선물합니다
	구하고 싶어도 구하기 어려운 그 제품, OO가 해냈습니다
생산 난이도 강조하기	100% 수작업, 50가지 공정의 리미티드 에디션
	한 번에 하나씩 제작하여 진짜 가치를 담습니다

두 번째는 시간을 제한하는 것이다.

'마감까지 10분!'

'곧 판매 종료!'

'오늘이 마지막 기회!'

마트에 장을 보러 갔다가 이러한 방송 멘트를 듣고 계획에 없었던 쇼핑을 한 경험이 있을 것이다. 마감 시간을 정해 놓고 제품 구매 기회를 제한하는 전략이다. 방송하는 동안 특가 상품을 판매하는 TV홈쇼핑이나 '라이브 커머스'와 같은 생중계 형태의 판매에서도 볼 수 있다. 이렇게 시간적 제약을 만들어 놓으면, 이 기간 동안 평소보다 많은 매출 효과를 기대할 수 있다. 마감이 임박하면 임박할수록 고객이 더 쉽게 지갑을 연다. 지금이 아니면 구매할 수 없는 제품이, 언제나 구매할 수 있는 제품보다 가치 있게 느껴지기 때문이다.

라이브가 아니어도 시간을 제한하는 전략은 얼마든지 가능하다. 와디즈나 텀블벅 같은 크라우드펀딩crowd-funding[6] 사이트를 방문해 본 적이 있다면 '얼리버드', '슈퍼얼리버드'와 같은 문구에 익숙할 것이다. 얼리버드는 제품 판매를 시작한 직후, 특정 기간 안에 먼저 구매하면 가격적인 혜택이나, 추가적인 사은품을 제공하는 방식의 마케팅이다. 예시는 다음과 같다.

'2024년 0월 0일 00시까지 스페셜 패키지 구매 가능'
'오픈 후 72시간 내 펀딩하면 OO 선물 제공'
'시즌 한정 특별가 12월 1일~7일 단 7일간!'

---

6 소액 투자의 개념으로 인터넷과 같은 플랫폼을 통해 다수의 개인으로부터 자금을 모으는 행위를 말한다. 사전 예약 후 구매 제도와 유사하지만, 크라우드펀딩은 제품의 개발을 위해 사전에 자금을 모은다는 점에서 '쇼핑'과는 다른 소비 방식이다.

너, 내 소비자가 돼라

라이브 커머스처럼 임박한 시간을 강조하고 싶을 때는 상세페이지 자체보다는 외부로 노출되는 썸네일을 활용하거나, 별도의 배너를 만들어 한시적으로 노출하는 것이 현명하다. 임박한 시간은 실시간을 기본 전제로 하기 때문에 상세페이지처럼 상시적인 콘텐츠에는 적합하지 않다. 예컨대 지하철 역 앞에서 '폐업 정리, 오늘까지만'이라는 간판을 달고 365일 세일하는 점포를 보고 실제로 가게가 폐업할 것이라고 아무도 믿지 않는다. 상세페이지에 1년 내내 '마감 임박'이라는 문구가 적혀 있으면, 고객들은 신뢰를 가지기 어려울 것이다. '오늘 마감'과 같은 구매 유도 장치는 딱 '오늘'까지만 사용하고 바로 내리도록 하자.

제한하는 세일즈 문구는 자칫하면 뻔한 마케팅 문구가 될 수 있기 때문에 제한의 근거를 함께 제시해 주면 더 효과적이다. 한정수량으로 판매한다면 왜 한정수량인지, 왜 지금만 이 가격에 판매가 가능한지 함께 설명하는 것이다. 예를 들어 하나씩 수작업으로 만드는 목공 제품이라면 '손으로 직접 만들어 1년에 단 100개만 생산됩니다'와 같은 설명을 덧붙일 수 있다. 생산에 사용되는 원료가 한시적으로 수급되거나, 절대수량이 적다면 이 사실을 알려주자. 이번 시즌에 특수적으로 저렴하게 제품을 생산했지만, 다음 시즌부터는 이 가격에 생산이 불가하다는 이야기도 좋다. 만약 브랜드에서 이 제품의 마진이 도저히 나오지 않아, 마지막으로 판매하고 더 이상 생산하지 않을 계획을 갖고 있다면 그것을 언급해도 좋다. 판매자에게는 '굳이?'라고 생각될 수 있지만, 고객들은 여기서 진정성과 신뢰를 느낀다. 한정수량이라는 안내가 단지 판촉을 위한 수단이 아니라, '진짜' 한정수량임을 인지한다면 이 판매자는 좀 다르다고 느끼고 마음을 열 수 있다.

구매를 제한하고 고객의 심리적 반향을 이용하는 것은 분명 효과적인 마케팅 전략이다. 단, 제한을 지나치게 남용하거나 너무 노골적으로 이용하다 보면 역효과가 날 수 있으니 주의하자. 고객들이 신뢰를 잃고 '마케팅에 낚여서 괜히 샀나'라는 생각을 가지게 되는 건 한순간이니 말이다.

구매를 망설이게 만드는
세 가지 실수

구매 결정을 유도하는 장치가 있는 반면, 구매를 포기하게 만드는 요소도 있다. 아무리 전략적으로 잘 만들어진 상세페이지일지라도 작은 실수 하나로 고객을 잃는다. 고객을 떠나게 만드는 실수 세 가지를 알아보고 최대한 방지할 수 있도록 해보자.

하나, 고객은 안 보이면 떠난다. 제품이 마음에 들어서 구매하는 고객과 제품이 필요하진 않지만 상세페이지 디자인이 마음에 들어서 구매하는 고객 중 어떤 고객의 비중이 더 높을까? 아마 페이지가 예쁘다는 이유로 제품을 구매하는 후자의 경우는 많지 않을 것이다. 제품을 구매하기 위해서는 제품에 대한 정보를 습득하는 것이 선행되어야 한다. 무엇인지도 알지 못하고 제품을 갖고 싶다고 느낄 수 없기 때문이다. 그런데 화려한 디자인에 집중하다가 정보가 잘 전달되지 않으면 이런 일이 발생한다.

'글씨랑 배경색이랑 똑같아서 설명이 잘 안 보이네.'
'사이즈 정보가 어디 있는 거야… 글씨도 작은데 확대도 안 되고 불편해'

상세페이지를 만드는 판매자들은 대부분 PC를 이용해 작업을 하는 반면, 소비자들은 작은 스마트폰 화면에서 실제 페이지를 보게 된다. 의외로 많은 사람들이 이 사실을 미리 생각하지 못하고 상세페이지의 가독성을 놓친다. PC 모니터에서는 적당히 읽혔던 글씨들이 스마트폰 스크린으로 가면 눈을 가늘게 떠야 보일 정도로 작아진다. 작아진 상세페이지는 소비자가 스크린을 줌인zoom in(확대)하는 별도의 액션을 취해야만 읽을 수 있는데, 여간 번거로운 일이 아닐 수 없다. 게다가 화면 확대 기능을 지원하지 않는 플랫폼에서 제품을 판매하는 중이라면 소비자는 영영 제품을 자세히 볼 수 없게 된다.

만약 PC로 상세페이지 콘텐츠를 제작한다면, '미리보기'를 통해 입력한 내용이 잘 보이는지, 크기가 너무 작지는 않은지, 비율이 깨지지 않는지 확인하는 것이 좋다. 콘텐츠를 비공개로 먼저 발행하거나 임시저장해서 스마트폰에서 열어보는 것도 좋다. 만약 윈도우 운영 체제의 크롬chrome을 통해 인터넷을 사용 중이라면, 상세페이지를 업로드한 후 키보드의 [F12] 버튼을 누르면 개발자 도구를 통해 모바일 미리보기를 실행할 수 있다. 그리고 요즘 대부분의 이커머스 플랫폼 편집기에서는 '모바일 미리보기' 기능을 제공하니, 내 상세페이지가 스마트폰에서 어떻게 보이는지 반드시 확인해 '안 보이는' 실수를 저지르지 않도록 하자.

둘, 고객은 어려우면 떠난다. 상세페이지에 일부러 어려운 내용을 집어넣어 사람들의 이해를 방해하는 판매자는 없을 것이다. 하지만 나도 모르게 어려운 말을 쓰고 있는 판매자는 꽤 있다. 나에게 익숙한 언어로 이야기하는 습관이 있기 때문이다.

우리끼리만 아는 용어를 남발할 때 상세페이지의 난이도는 쑥쑥 올라간다. 여기서 '우리'는 판매자, 제작자 또는 제품에 익숙한 업계 사람들을 말한다. 이들이 업계에서 매일 당연하게 사용하는 용어들은 사실 대중적인 언어가 아닐 때가 많다. 소비자들이 업계 용어를 무방비 상태에서 접하게 된다면 갑자기 영어권도 아닌 외국에 홀로 남겨진 기분을 느끼게 될 것이다.

상세페이지는 쉽고 이해하기 쉬운 일상의 언어로 채워져야 한다.

■ 어려운 용어를 사용한 표현 예시

업계에서만 쓰는 용어	다이마루 끝단, 양면 본딩 소재
	건기식 마크를 확인하세요
제조 현장에서 쓰는 용어	풀프루프 시스템을 도입한 제조 환경
	끝단을 삼봉 처리하여 완성도를 높였습니다
영어, 한자로 이루어진 용어	크롭한 기장의 힙한 느낌, 핏하지 않아요
	흡한속건, 고신축, 짐재권축

어렵고 복잡한 내용은 기억되기 어렵다. 그런 용어가 있다면 초등학생도 이해할 수 있는 정도의 말들로 수정하도록 하자. 한자나 영어보다는 '나무에서 온 부드러운 섬유', '피부가 숨쉬듯 공기가 통하는' 등의 표현이 좋다. 쉽게 소개한다면, 기능성 원단도 천연 소재 염료도 지루하지 않게 풀어낼 수 있다.

내가 상세페이지에 사용한 언어가 어려운지 아닌지 판단하기 어렵다면, 지인이나 가족들에게 콘텐츠를 보여주고 이해되지 않는 부분이 있는지 점검하는 것도 좋다. 내용상 반드시 언급해야 하는 전문 용어가 있다면 추가적인 설명이나 주석, 시각 자료를 활용해 비전문가 고객들이 쉽게 이해할 수 있도록 만들어야 한다. 글의 맥락과 스토리텔링에 녹아든 제품 이야기는 단순히 전문 용어를 나열하는 것보다 훨씬 더 자연스럽고 친근하게 소비자의 머릿속에 들어갈 것이다.

| 그림 24. 어려운 상세이미지를 쉽게 푼 예시 |

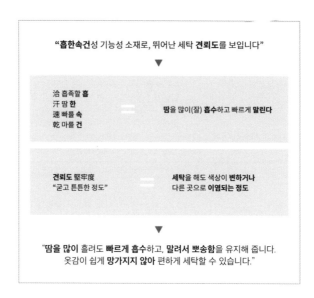

셋, 고객은 믿을 수 없으면 떠난다. 오탈자와 맞춤법도 가급적 실수하지 말아야 할 중요한 디테일이다. 잘 보이지도 않는 오타 하나쯤은 괜찮을 거라고 생각했다면 큰 착각이다. 오프라인 쇼핑몰에서도 나를 응대하는 직원이 계속 실수를 하고, 옷걸이나 거울 등의 시설물이 제대로 관리되어 있지 않았다고 상상해 보자. 괜히 매장에 대한 신뢰도가 떨어지고, 실수가 빈번한 경우 제품 구매까지 재고하게 된다. 고객을 대면할 때의 허술함에서 제품도 왠지 꼼꼼하게 검수·관리하지 않을 것 같다는 느낌을 받는 것이다.

상세페이지도 마찬가지다. 페이지를 채우는 모든 요소가 구매 결정에 영향을 미친다. 제품을 직접 볼 수 없는 온라인 쇼핑에서 구매 목적 없이 제품을 우연히 만난 발견형 소비자에게는 특히 브랜드와 고객간의 신뢰 구축이 더더욱 필요하다. 아직 신뢰도가 쌓이지 않은 브랜드에서 보이는 허술함과 실수는 제품의 가치마저 깎아버리는 불청객이다.

이런 문제는 조금만 신경을 써도 충분히 피할 수 있다. 상세페이지 발행 전 맞춤법, 띄어쓰기, 오탈자 등을 점검하는 습관을 가져 보자. 내가 쓴 문장을 한 번씩 소리내서 읽어보는 것도 좋다. 상세페이지를 제작하다 보면 많은 수정 작업을 거치게 되는데, 이 과정에서 앞뒤가 잘린 문장이나 어법이 맞지 않는 문장들이 종종 생겨난다. 콘텐츠에 정신 없이 몰입되어 있을 때는 안 보였던 실수들이 입으로 말하고, 귀로 들으면 새로 인식될 수 있다.

PART

03

제품이 팔리는 순간

10

돌아오게
만드는
요소들

무기가 되는
후기 활용법

　　악플보다도 더 슬프다는 무플. 사람들의 무관심보다는 욕이라도 먹는 것이 낫다는 말이 나올 정도로, 후기가 가진 힘은 어마어마하다. 후기에 늘 목마른 스몰 브랜드들은 댓글 하나, 후기 하나가 얼마나 든든한 지원군처럼 느껴지는지 이해할 것이다.

　　사람들은 본능적으로 구매 실패로 인한 시간과 비용의 손실을 피하고 싶어 한다. 그래서 다들 '첫 소비자'가 되기를 꺼려 하고, 처음 들어 보는 브랜드의 제품은 더 철저하게 후기를 탐색한다. 나 대신 누군가 먼저 이 판매자와 제품을 검증해 주기를 바라는 것이다. 글로벌 컨설팅 업체 맥킨지앤드컴퍼니에서 조사한 바에 따르면 소비자가 남긴 후기는 상세페이지 속 내용보다 10배 높은 구매 영향력을 가진다고 한다.

　충분한 후기가 확보되어 있는 브랜드의 담당자가 이 글을 읽고 있다면, '그래, 우린 잘 하고 있어!'라는 생각에 입꼬리가 올라가고 있을지 모르겠다. 반면 후기가 아직 많지 않은 상세페이지의 담당자나, 후기가 달리긴 했는데 만족도가 낮은 후기만 있는 브랜드의 대표라면 상황이 다르다. 스몰 브랜드는 대기업이나 이미 오랜 기간 온라인 판매를 이어온 기존 판매자들에 비해 후기가 부족할 수밖에 없다. 게다가 좋은 후기 1개 모으기는 참 어려웠는데, 안 좋은 후기는 어찌나 빠르게 달리는지. 한 사람이 불만족했던 후기를 남기면 무서운 속도로 너도나도 불만의 후기를 달기 시작한다. 아무리 좋은 서비스로 방어해도 이를 막아 내기는 어렵다. 후기는 예비 소비자들이 가장 많이 신뢰하는 콘텐츠인데 내용에 대한 주도권이 전혀 없는 이 상황이 되면 마치 비 오는 월요일 아침 잔뜩 밀린 출근길처럼 답답하고 막막할 것이다.

　좋은 후기가 많이 없어서 신규 소비자가 생기지 않는 것 같다면, 발견형 소비자의 호기심을 자극할 생생한 반응이 필요하다면 이 '무기가 되는 후기 활용법'을 꺼내 하나씩 사용해 보기를 바란다. 혹시 아는가? 똑똑하게 사용한 후기 하나가 열 후기 안 부러운 강력한 무기가 될 수 있을지도 모른다.

너, 내 소비자가 돼라

먼저 밖에서 쌓이고 있는 후기를 발견의 공간으로 끌어오는 방법이다. 후기가 없어서, 또는 있어도 발생하는 아쉬움에 대한 해답을 얻을 수 있다. **이미 내 제품이나 브랜드에 대해 소비자들이 남긴 후기나 만족도가 있다면 이를 상세페이지 속 콘텐츠로 다시 한번 노출시켜 보자.** 인상적인 판매 기록이 있을 경우 '10만 개 판매 돌파', '완판 신화' 등과 같은 문구로 인기를 직접 언급할 수 있고, 별점이나 만족도 점수를 드러내 강조할 수도 있다.

| 그림 25. 시각화 후기 콘텐츠 예시 |

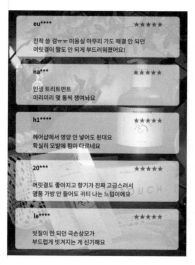

이 전략은 다른 페이지에는 후기가 많이 쌓였지만, 새로 입점한 플랫폼에 아직 후기가 없을 때에도 빛을 발한다. 상세페이지의 오프닝 구간 첫 후킹 콘텐츠로 제품의 핵심 셀링 포인트를 보여준 직후,

후기 콘텐츠를 노출해 보자. 아직 내 브랜드의 진가를 모르는 신규 소비자들의 호기심을 자극하고, 그들을 더 빠르게 몰입시켜 안심하고 구매할 수 있게 만드는 역할을 해줄 것이다.

이때 핵심은 일종의 군중심리인 '대세감'을 자극하는 데 있다. 많은 사람들이 제품과 브랜드를 인정하고 사용하고 있다는 점을 바탕으로 형성되는 기대감을 활용하는 것이다. 꼭 특정 제품에 대한 후기로 콘텐츠를 한정 지을 필요는 없다. 그동안 이렇게 높은 만족도를 받아온 브랜드라는 점을 보여줄 수 있다면, 내 브랜드에서 판매하는 다른 제품의 후기나 팔로워 수, 댓글 수 등을 언급하는 것도 가능하다. 대신 다른 제품의 후기와 이 제품이 연결될 수 있는 맥락을 반드시 형성해 주어야 한다. 소비자들이 현재 판매 제품의 후기로 오인하거나, 왜 이 콘텐츠를 사용했는지 전혀 납득하지 못해서는 안 된다.

후기를 활용하면 구매해 본 사람들의 경험과 목소리를 빌려 제품의 특징을 강조할 수 있다. 소비자들은 상세페이지 속에서 언급된 내용이 사실인지 아닌지 확인하고, 제품을 경험해 본 사람만 알 수 있는 성능, 효과, 맛, 향, 촉감 등에 대한 정보를 얻고 싶어 한다. 예를 들어 끈적이지 않는 선크림 제품이라면 진짜 안 끈적거리는지, 무설탕 아이스크림이라면 실제로 어떤 맛이 나는지 후기를 통해 확인하려 한다. 소비자들은 상세페이지에서 '땀이 빨리 마르고, 냄새가 나지 않는 강력 기능성 티셔츠'라고 10번 말하는 것보다, 제품 후기에 '저 완전 땀순이인데, 이 티셔츠만 입어요' 라는 한 마디에 더 큰 신뢰를 느낀다. 판매자가 10번 강조하는 것보다, 실제 소비자의 한 마디가 더 강력한 신뢰를 만드는 것이다. 판매자가 주장한 제품의 셀링 포인트가 후기를 통해 검증되었을 때 처음 보는 제품을 구매해도 좋겠다는 확신을 가질 수 있다.

개개인의 구체적인 후기가 상세페이지에 미처 담아내지 못한 정보까지 전달하는 경우도 많다. 예를 들어 '남편 사줬더니 아들이 뺏어가서 잘 쓰네요'라는 후기 한 줄에, 이 제품이 중장년층뿐 아니라 젊은 세대에게도 적합하다는 점이 전달된다. 상세페이지에 사용자의 연령대에 대한 구체적인 언급이 없었어도, 이 후기를 읽은 20대 남성은 '나도 한번 써 볼까' 하는 생각을 해볼 수 있는 것이다.

경험을 활용한 후기 콘텐츠를 위해서는 가장 강조하고 싶은 제품의 특징이나 이끌어 내고 싶은 경험이 언급된 후기들이 필요하다. 예를 들어 땀이 잘 마르는 기능성 원단이 핵심 특징인 제품의 상세페이지를 위해 후기를 모은다면, '배송이 빨라요'와 같이 기능성과 무관한 후기나 '예뻐요', '만족해요' 등의 막연한 칭찬보다는 '땀이 진짜 빠르게 마르고 땀 자국이 안 났어요'와 같은 후기를 선별해야 한다. 브랜드에 대한 애정이 드러나는 후기가 있다면 더더욱 좋다.

이렇게 모은 후기는 상세페이지의 오프닝 구간에 넣어 임팩트를 만들 수 있고, 본론 구간에 담아 제품의 셀링 포인트에 대한 신뢰를 강화하는 장치로 활용할 수도 있다. 이때 중요한 것은 양보다는 질에 초점을 맞춰 후기를 활용해야 한다는 점이다. 대세감을 보여줄 때는 후기가 무조건 많아야 유리하지만, 경험을 증명할 때는 진정성 있는 2~3개로도 충분하다.

당장 활용할 후기가 없다면 쌓일 때까지 직접 만들어서 활용하면 된다. 예를 들어 지인들이나 회사 직원들을 대상으로 제품을 나눠주고 제품의 사용 경험과 반응을 취합하여 후기를 만드는 것이다. 여건이 된다면 별도로 고객 체험단을 모집하는 것도 좋다. 오프라인 매장 또는 행사 현장에서 직접 소비자의 반응을 관찰하거나 포스트 잇에 간단한 후기를 남겨 달라고 유도해 볼 수도 있다. 이때도 역시 단순히 '좋아요' 등의 막연한 칭찬보다는 제품의 맛이 어땠는지 향은 어떤 느낌이었는지 구체적으로 들려주도록 유도하는 것이 좋다. 사전 동의를 받은 체험자가 직접 등장하거나, 손글씨 또는 메시지로 받은 실제 후기를 노출하는 것도 콘텐츠에 신뢰와 재미를 더하는 팁이다. 판매자에 의해 가공되지 않은 '날것' 그대로의 후기일수록 현장감이 더 생생하게 전달되며, 후기의 출처나 내용에 대해 신뢰를 얻고 상세페이지를 적극 탐험하도록 안내할 수 있다.

그런데 좋은 후기가 아니라 불만 후기만 달려 있는 경우에는 어떻게 할 수 있을까. 만약 소비자의 아쉬운 평가를 바탕으로 제품이나 서비스를 개선한 판매자라면, 아쉬운 후기를 오히려 신뢰를 강화하는 장치로 활용해 볼 수 있다. 예를 들어 '더 큰 사이즈도 출시했으면 좋겠어요', '예쁜데 기장이 좀 짧아요', '사이즈 선택 범위가 넓지 않아서 아쉬워요'라는 반응이 달리던 반팔 티셔츠 상세페이지가 있었다고 해보자. 이를 본 판매자는 추가 사이즈를 제작하기로 결심하고, 신제품으로 XXL 사이즈를 만들어 옵션에 추가했다.

만약 이 상황에서 판매자가 아무런 언급 없이 옵션만 추가했다면, 상세페이지와 후기만 대충 둘러보던 소비자들은 XXL 사이즈가 새로 생겼다는 사실을 알지 못한 채 '나한테는 좀 작으려나?' 하는 마음으로 상세페이지를 떠나게 된다. 반면 후기와 개선점을 상세페이지에 함께 노출하면 리뉴얼된 제품의 특징이 다시 한번 강조되어 임팩트 있는 전달이 가능하다. 그리고 무엇보다도 소비자의 목소리에 귀 기울이고 적극적으로 소통하며 피드백을 반영하는 모습을 보여줌으로써 신뢰를 쌓을 수 있다. 과거에 아쉬운 후기가 달렸다면 이를 극복했음을 적극적으로 알려보자. 소비자들이 후기를 보고 오해하거나, 구매를 망설이는 빈도를 줄이는 방어 장치가 되어줄 것이다.

단, 후기는 자칫 불필요한 소음이 될 수 있기에 조심해서 다뤄야 한다. 소비자의 목소리를 활용해 제품을 어필하는 것은 분명 효과적인 구매 유도가 될 수 있지만, 한 끗 차이로 눈살을 찌푸리게 하는 광

| 그림 26. 아쉬운 후기를 활용한 콘텐츠 예시 |

★4.3

손질 필요 없고 조리도 정말 간단해요! 소스도 불맛이 나서 만족스러워요. 야채 토핑이랑 소스는 양이 많은데 낙지 양이 조금 적은 것 같아요. 저는 아쉬워서 다른 팩에 있는 거까지 합쳐서 먹었어요

★4.5

XX낙지 식당 줄 서서 먹었던 맛이랑 정말 비슷해서 놀랐어요. 맛집이라 대기만 1시간 넘는데 집에서 먹을 수 있어서 너무 좋았어요! 그런데 2인분 치고 양이 많은 편은 아니라, 남자친구랑 둘이 먹기에는 살짝 부족한듯했어요. 식당 2인분이랑은 다른것 같아요. 그래도 맛은 대만족!!

그래서 화끈하게 늘렸습니다

낙지 150g 추가!

고가 되어버리기도 한다는 사실을 잊어서는 안 된다.

목적 없이 무조건 많은 후기를 캡쳐해서 상세페이지에 무작정 삽입하거나 핵심 키워드 없이 추상적인 극찬만 길게 나열하는 것은 피하자. 대세감 형성을 한답시고 수많은 후기를 그대로 상세페이지에 추가하면 오히려 역효과가 발생한다. 반복적인 내용으로 의미 없이 상세페이지 길이만 늘리면 소비자의 집중력은 떨어지고 이탈만 재촉하게 될 뿐이다. 후기는 꼭 필요한 만큼만 전략적으로 활용해야 상세페이지와도 시너지를 낼 수 있다.

다수의 부정 후기는 쏙 빼고 소수의 좋은 후기만 강조하는 것 역시 추천하지 않는다. '잘 팔리는' 콘텐츠는 '좋은 제품'이 전제되어야 한다. 소비자들의 개인 취향이나 배송 사고와 같이 예외적인 일로 생기는 부정 후기가 아닌, 제품의 품질 등에 대해 다수의 소비자가 불만을 가진 특징이 있다면 해결점을 찾는 것이 우선이다. 제품의 문제에는 눈과 귀를 닫고, 나를 칭찬한 후기만 뽑아 상세페이지에 올리는 모습은 브랜드와 제품의 신뢰도를 떨어뜨린다.

　　후기를 활용할 때 소비자의 개인 정보가 노출되지 않도록 주의하는 것도 중요하다. 상세페이지에 후기 작성자의 이름이나 주소, ID, 연락처, 프로필 사진 등을 노출시키거나 내 제품에 대한 언급일지라도 타인의 SNS 게시물을 허락 없이 복사 또는 캡처하여 콘텐츠로 활용하는 것은 삼가야 한다. 개인정보 유출은 법적 처분으로까지 이어지는 문제가 될 수도 있으니 미리 조심하는 것이 좋다. 체험단이나 SNS 게시물을 활용할 경우 작성자의 사전 동의 하에 콘텐츠화하고, 후기를 그대로 캡처해서 콘텐츠로 제작하는 경우 개인정보 노출이 될 수 있는 부분은 반드시 모자이크 처리하여 활용하도록 하자.

구매 만족도를 높이는
사소한 디테일

　　　　　　　　　　　　후기나 별점과 같은 외적인 성취도 중요

하지만, 소비자가 내 제품과 브랜드에 얼마나 만족했는가 하는 내적 만족도는 사업 운영에 있어서 후기 한 줄 이상의 가치를 지닌다. 제품 만족도는 브랜드를 성상하게 하는 지구력과도 같다. 구매 버튼을 누른 순간부터 제품을 기다리는 기간, 택배를 수령한 순간, 제품을 꺼내고 사용하기까지의 모든 경험이 만족스러웠다면 높은 확률로 '재구매'가 이루어진다. 구매 주기가 길거나 재구매할 필요가 없는 제품이라도 만족도가 높으면 주변 사람들에게 추천하거나 선물함으로써 재구매가 일어난다.

제품을 경험한 후 긍정적인 생각을 가지게 된 고객들은 일반적인 신규 고객에 비해 설득하기 위해 필요한 시간이 짧다. 기존 고객에게 재구매를 유도하는 것이 신규 고객을 만드는 일보다 더 경제적이라는 사실은 이미 마케팅, 비즈니스 분야에서 널리 알려진 사실이다. 하버드 경영대학원의 매거진 《Harvard Business Review》에서는 2014년 〈The Value of Keeping the Right Customers〉라는 아티클을 통해 신규 고객 1명을 획득하는 비용이 기존 고객을 유지하는 데 드는 비용보다 5배에서 25배까지 많아질 수 있다고 발표하기도 했다. 브랜드의 지속적인 성장을 위해서는 발견을 통한 신규 고객들의 첫 구매 결정뿐 아니라, 구매 고객들의 만족도를 관리해 두 번째, 세 번째 구매를 만드는 일도 반드시 신경써야 하는 것이다.

재구매가 반복되면 '단골'이 되며, 이를 통해 브랜드와의 애정이 쌓이면 '팬'이 된다. 소비자가 내 제품과 브랜드의 충성 고객, 열성 팬이 될 때까지 우리는 끊임없이 발견 당하고 구매를 유도해야 한다. 우연한 발견이 일회성 구매로 그치지 않도록 적절한 장소에 재구매를 유도하는 장치를 심어 놓는다면, 콘텐츠 레드오션 속 경쟁력을 갖춘 상세페이지가 될 수 있을 것이다.

'제품이 좋으면 재구매는 저절로 되는 것 아닌가'라고 생각했다면 온라인 시장이라는 망망대해를 너무 만만하게 본 것이다. 아무리 뛰어난 제품을 가지고 있더라도 소비자의 만족도가 낮아질 수 있다는 사실을 알아야 한다. 만족이라는 것은 지극히 주관적이라서, 내가 평가해야 하는 한 가지 외에 모든 것으로부터 영향을 받는다. 우리는 우리가 컨트롤 할 수 있는 최대의 범위에서 최상의 만족도를 제공하기 위해 노력해야만 한다.

구매 고객의 만족도를 올리기 위해 가장 먼저 해야 할 일은 제품과 상세페이지 사이의 격차를 줄이는 것이다. 풍성한 거품으로 채워진 욕조 사진이 담긴 상세페이지를 통해 '풍성한 거품이 나는 버블 입욕제'를 기대했지만, 막상 받아 사용해 본 입욕제에서 거품이 전혀 나지 않는다면 제품에 대한 만족도는 뚝 떨어진다. 아무리 향기가 좋고, 피부에 좋은 성분으로 제작되었다고 해도 말이다.

이처럼 상세페이지를 통해 기대했던 경험과 실제 경험 사이의 격

차는 제품 만족도에 큰 영향을 미친다. 제품에 대한 불확실성 속에서 콘텐츠 하나에 의존해 구매를 결정해야 하는 온라인 쇼핑은 이익으로 인한 만족보다 손실로 생긴 불만족을 더 크게 걱정하는 '손실회피' 현상이 두드러진다. 제품이 무사히 도착한 것에 대해서는 별다른 플러스 점수를 매기지 않는 반면, 기대했던 것과 조금이라도 다르면 거침없이 마이너스 점수를 부여하고 실망하게 된다.

발견형 소비자를 맞이하는 우리들은 제품으로 도달할 수 있는 경험을 정확하고 솔직하게 상세페이지 속에 구현해야 한다. 실제 경험과 다르게 이해할 만한 표현이나 이미지는 없는지, 고객들이 '미처 알지 못해서' 겪을 수 있는 불편 사항을 사전에 안내 했는지 미리 검토하며 만족도를 깎아 먹는 실수를 방지하도록 하자.

우리나라에서는 「전자상거래 등에서의 상품 등의 정보제공에 관한 법률」을 통해 상세페이지에 '상품정보 제공고시'를 작성하도록 규정하고 있다(제13조 제4항). 쉽게 말하면 소비자들이 제품 품목에 따른 원산지, 유통기한, 품질보증 기준 등과 같은 상품 정보와 배송, A/S, 교환 반품에 관한 거래 조건 정보를 사전에 알 수 있도록 제공할 의무를 부과한 것이다. 이것만 제대로 작성해도 소비자들에게 객관적 정보를 전달하는 데 도움이 된다.

사실 상세페이지 최하단에 들어가는 이 정보까지 스크롤을 내려

보는 소비자는 그리 많지 않다. 그래서인지 상품정보 제공고시를 일일이 기재하는 일이 번거롭고 반복적인 작업이라고 생각하는 판매자들도 많다. 상품정보 제공고시 입력을 누락하거나, 입력칸에 '상세페이지 참고' 또는 '별도 표시' 등으로 대충 입력하고 넘어가는 경우도 어렵지 않게 볼 수 있다. 하지만 도달률이 낮다고 아예 빼버리게 되면 실제로 해당 정보를 찾는 사람들이 혼란을 겪을 뿐 아니라 과태료를 물게 될 수도 있으니 간과하지 말도록 하자. 상세페이지 속 객관적이고 구체적인 정보는 제품에 대한 막연한 환상을 사실적인 기대로 만들어 주는 데 언제나 도움이 된다.

포장 및 배송 방식에 대한 사전 안내도 제품 수령 시 만족도를 높일 수 있는 디테일이다. 특히 농수산물의 원물이나 조립이 필요한 가구, 테크 제품은 어떻게 포장되어 배송되는지 사전 안내를 해주면 제품 도착 직후의 손질, 정리 과정에 미리 대비할 수 있게 된다.

또한 제품 구매 후 발송까지 시간이 걸리는 제품이라면 이 사실을 미리 고지하는 것이 좋다. 기약 없는 기다림은 더 길게 느껴진다. 게다가 우리는 로켓배송, 새벽 배송과 같은 당일 출고가 온라인 쇼핑의 기본으로 자리 잡은 시대에 살고 있다. 아무런 예고 없이 하루 이틀이 지나면 '왜 내 제품이 아직도 출발을 안 했지? 설마 배송이 누락되었나?' 하는 불안이 자라나게 된다.

기대보다 지연된 배송은 마침내 제품을 수령하는 소비자의 마음에도 영향을 준다. 오랜 기다림에 대한 보상심리가 작용해, 제품에 대한 기대가 무의식 중에 커지기 때문이다. 배송 과정에서 생긴 불만의 불씨가 이미 마음 한 구석에 자리한 채 제품을 개봉한다. 그리고 이 작은 불씨는 아주 약간의 기름을 만나기만 해도 순식간에 큰 불씨로 번진다. 평소라면 그냥 지나쳤을 사소한 문제도 별점 1개를 남기고 환불 요청까지 하게 되는 큰 불만사항이 되어버리는 것이다.

상세페이지 속 배송 일정 안내는 배송 지연으로 인해 발생하는 불만족을 완충하는 효과가 있다. 이때, '구매 후 14일 이내 배송'이라는 단순한 문구보다 '주문 후 맞춤 제작하는 제품으로 배송까지 약 14일 걸립니다' 또는 '리오더 상품으로 ○월 ○일부터 순차 배송됩니다' 등과 같이 배송 기간에 대해 구체적으로 설명해 주면 소비자는 훨씬 더 열린 마음으로 배송을 기다릴 수 있다. 짧은 한 문장이지만 만족도를 높일 수 있고, 소비자는 '세심한 판매자'로 내 브랜드를 기억하게 될 것이다.

오프라인 콘텐츠까지 챙기며 발견형 소비자를 감동시킬 수 있는 센스를 발휘해 봐도 좋다. 온라인 쇼핑이라고 해서 마케팅 콘텐츠가 꼭 온라인 광고나 상세페이지 안에만 머무는 것은 아니다. 제품을 받아 열어보고, 직접 사용하는 그 순간까지도 얼마든지 내 콘텐츠로 채울 수 있다. 온라인 콘텐츠에서 보여준 만큼의 정성을 오프라인에도 담아보자. 여러 번 강조해도 부족하지 않은 제품의 사용 방법이나 관리법은 리플렛의 형태로 택배 박스에 함께 담으면 좋다. 고객이 아직 많지 않은 스몰 브랜드라면, 감사 메시지를 담은 작은 쪽지를 함께 동봉하는 것도 추천한다. 신경 쓴 흔적이 느껴지는 패키징은 고객의 경험 구석구석을 배려한 판매자의 진심어린 마음까지 함께 전해준다. 과대포장을 하거나, 단순히 인쇄물을 하나 더 만들어야 한다는 말로 오해하지 않길 바란다. 우리에게는 고객이 제품을 개봉하는 그 순간의 경험까지 디자인할 수 있는 힘이 있다. 그 힘을 잘 인지하고 기회로 활용하면 어느덧 재구매하는 반가운 이름들이 늘어남을 보게 될 것이다.

마지막으로 친절한 응대의 태도를 보여주는 것이 좋다. 식당에 단골이 생기는 이유 중 하나로 '친절한 사장님'을 꼽는 사람이 많다. 사람들은 궁금한 것을 물어봤을 때 편안히 대화 나눌 수 있고, 메뉴가 잘못 나왔을 때 눈치보거나 언쟁할 필요 없이 교환을 요청할 수 있는 사장님에게 호감을 느낀다. 말 한 마디로 천 냥 빚을 갚는다고 하지 않았던가. 작지만 따뜻한 말 한마디가 손님을 감동시키고, 다시 찾고 싶게 하는 재방문의 원천이 되어준다. 친절함은 타인의 의견을 경청하는 자세와 세심한 배려로 소통하는 태도에서 완성된다. 상세페이지도 마찬가지다. 소비자들이 언제든 부담 없이 질문할 수 있고, 문제가 생겼을 때 적절한 응대를 받을 수 있다는 내용을 사전에 안내해 주면 '친절한 판매자'가 될 수 있다.

소비자가 질문하고 싶을 때 가장 빠르게 소통할 수 있는 방법을 상세페이지에 표시해 보자. 단순히 '고객센터:OOO-OOOO'라는 딱딱한 안내보다는 언제든 질문을 환영한다는 느낌, 편하게 연락 달라는 느낌을 가득 풍겨 주면 고객들의 친밀감과 신뢰도가 올라간다. 내가 필요할 때 빠르게 문의할 수 있다는 사실이 제품을 안심하고 구매할 수 있게 도와주는 심리적 안전장치가 되어주기 때문이다. 실제 문의를 할 일이 생기지 않더라도 말이다.

고객 센터나 채팅, DM 등으로 소비자와 소통하고 있다면 응대 가능 시간을 미리 안내해 보자. 특히 1:1로 들어오는 문의는 빠르게 해소가 필요한 궁금증이나 불편사항일 가능성이 높다. 언제 답변을 받을 수 있는지 알지 못하는 소비자는 더 초조해지고 해소되지 못한 불편사항으로 점점 답답해질 것이다. 소통 채널에 답변 가능한 시간을 미리 안내하면 소비자가 느낄 불확실함과 불안감을 줄일 수 있다.

상세페이지 외의 공간에서 친절함을 유지하는 것도 중요하다. 모든 소비자들이 볼 수 있는 후기나 댓글, 공개된 게시판의 문의는 상세페이지의 일부나 다름없다. 소비자가 남기는 글과 내가 다는 댓글은 모두 발견형 소비자들이 구매 결정을 위해 탐색하는 정보이며, 예비 소비자들이 나를 평가하고 판단하는 중요한 요소로 작용한다. 그렇다고 보이는 곳에서만 친절한 판매자가 되자는 것은 아니다. 소통하는 채널과 대상에 관계 없이 일관된 태도는 중요하다. 게

다가 요즘은 비공개 채널로 소비자와 판매자가 나눈 대화가 쉽게 공론화되기도 한다. 비공개 장소라고 해서 지나치게 감정적으로 대응하거나, 외부로 드러나는 것과 너무 다른 태도를 보인다면 소통하는 당사자가 신뢰를 쌓기 어려울뿐더러, 공개적인 비판을 받게 될 수도 있으니 고객 응대는 언제나 신중해야 한다는 점을 꼭 기억하자.

무엇이든 물어보세요

만약 한 제품에 대해 계속해서 비슷한 문의가 들어오고 있거나, 소비자와의 질의응답을 가급적 줄여 업무에 효율과 여유를 조금이라도 만들어 보고 싶은 판매자라면 꼭 준비해야 하는 콘텐츠가 있다. 실시간으로 고객 응대를 하지 않아도 소비자들의 궁금증을 해소하고, 앞서 말한 친절한 사장님의 모습까지 보여줄 수 있는 방법. 무엇보다도 밋밋하고 지루했던 상세페이지를 생동감 있게 만들어 주고, 가려웠던 부분을 긁어주며 센스 있는 판매자가 될 수 있는 이 방법은 바로 '자주 묻는 질문'이다.

자주 묻는 질문은 FAQ**Frequently Asked Questions** 또는 Q&A **Question and Answer**와 같은 타이틀을 달고 상세페이지의 끝부분을 장식한다. 때로 '무엇이든 물어보세요'와 같은 문구가 제목으로 달리기도 한다. '자주 묻는 질문'은 많은 사람들이 물어보는 질문과 그에 대한 답변을 질의응답 형식으로 작성한 콘텐츠이다. 소비자의 가려운 곳을 미리 긁어주는 효자손과도 같은 존재로, 소비자들이 궁금할 내용을 미리 짚어 알려줌으로써 반복적인 문의를 줄이는 데에도 도움을 준다.

제품을 처음 접한 소비자는 자신이 처한 상황에 따라 궁금한 점이 생기기 마련인데, 이들이 궁금증 해소를 위해 페이지를 이탈하거나 문의를 남기기 전 미리 안내하는 역할을 하는 것이다. 물론 상세페이지에 아무리 열심히 설명해 두어도, 제대로 읽지 않고 문의하는 소비자는 언제나 존재한다. 하지만 모두가 상세페이지 속 정보를 꼼꼼히 읽고 기억하지 않더라도, 상세페이지 속 안내가 '상세'해질수록 소비자들의 질문은 확연히 줄어든다. 질문자가 줄지 않더라도, 질문을 응대하는 시간은 줄일 수 있다. 자주 묻는 질문에 정리해둔 내용은 판매자가 효율적으로 답변할 수 있는 기준이자 정책이 되어주기 때문이다. 매번 답변을 생각하거나, 팀원들의 의견을 구하거나, 제품 관련 서류를 뒤적일 필요가 사라진다.

자주 묻는 질문은 소비자가 궁금해할 내용, 강조가 필요한 내용으로 구성하는 것이 정석이다. 단순히 상세페이지와 같은 내용을 반복하거나, 복사 붙여넣기로 보여주는 것은 바람직하지 않다. 다음 자주 묻는 질문의 종류를 참고하여, 내 제품에 필요한 내용은 무엇일지 생각해 보자.

구매 고객에게 당부해야 하는 내용

제품의 셀링 포인트는 아니지만 제품을 사용할 사람에게 반드시 알려야 하는 정보들이 있다. 세탁 방법이나 관리법, 보관법, 유통기한 등의 정보는 자주 묻는 질문의 단골 소재이다. 사용 및 보관상의

자주 묻는 질문 예시

세탁 · 관리 방법

Q. 세제로 빨래해도 되나요?

Q. 실온 보관이 가능한가요?

Q. 제품을 오래 사용하기 위한 관리법이 있나요?

Q. 색이 빠지는 것 같아요!

Q. 껍질 손질은 어떻게 하나요?

유통기한 · 사용기한

Q. 유통기한은 언제까지인가요?

Q. 언제까지 사용할 수 있나요?

사용 주의사항 · 사용하면 안 되는 사람

Q. 어린이가 사용해도 안전한가요?

발생할 수 있는 변수 · 특징

Q. 과일에 작은 반점이 있는데 먹어도 되나요?

Q. 나무 표면에 스크래치가 있어요! 불량인가요?

주의사항은 제품을 실제로 접한 소비자가 가장 많이 궁금해 하는 내용이다. 하지만 제품의 특장점을 중심으로 상세페이지 오프닝과 본론을 구성하다 보면 자주 놓치게 되는 정보이기도 하다. 상세페이지 본론에 넣을 자리를 찾는 것보다, 상세페이지 후반부 자주 묻는 질문 구간에 이러한 정보들을 자연스럽게 녹여내면 더 효과적인 정보 전달이 가능해진다.

자주 묻는 질문을 활용하면 소비자가 처할 수 있는 상황, 궁금해 할 수 있는 부분에 대해 모두 충분히 인지하고 있으며, 대응할 수 있음을 보여줄 수 있다. 판매자에 대한 소비자의 신뢰도를 강화할 수 있는 것이다. 상세페이지에서 이미 한번 언급했거나, 제품과 동봉되는 '제품 설명서'에 들어가는 내용이라도 중요하다면 자주 묻는 질문에 포함하는 것을 추천한다. 제품을 사용하는 사람이 숙지하지 못하면 손해를 볼 수 있는 중요 정보는 여러 번 언급해도 지나치지 않다.

제품과 관련된 부가 정보

고관여 제품의 상세페이지를 준비하고 있다면 제품의 부가 정보를 제공하는 것이 좋다. 상세페이지에서 제안하지 않았던 다양한 활용법이나 좋은 제품을 고르는 구매 팁 등에 대해 안내하는 것이다. 이러한 정보는 제품 구매 결정과는 직접적인 연관이 없어 보일 수 있지만, 세 가지 간접 효과를 만들어낼 수 있다.

첫째, 내 제품이 속한 카테고리에 대한 전문성을 드러내 신뢰를 높일 수 있다. 과일 제품을 판매한다면 소비자들은 단순 유통사가 아닌, 과일에 대한 전문성과 진정성이 보이는 판매자에게 더 큰 신뢰를 느낀다. 둘째, 상세페이지 콘텐츠에 몰입하도록 유도할 수 있다. 똑같은 제주 한라봉 1kg을 판매하는 상세페이지라도, '당도 높은 한라봉 고르는 법'이나 '제주 귤 종류별 맛 특징'에 대해 비교해 놓은 콘텐츠가 있다면 한번 더 눈길이 가게 된다. 우리는 이미 최저가 가격 혜택으로 빠른 구매를 유도할 게 아니라면 소비자가 조금이라도 더 많이 스크롤을 내려 보게 만들어야 한다는 사실을 알고 있다. 내 제품을 발견한 소비자가 관심을 가질 만한 정보를 제공하는 것은 소비자의 관심을 끄는 가장 효과적인 방법이다. 셋째, 상세페이지에 다시 방문할 이유를 만들어 줄 수 있다. 제품을 수령한 후, 어떻게 사용하는지 알아보기 위해 상세페이지로 재방문하는 소비자들이 많다. 사용 방법, 관리법, 손질법, 조리법 등 제품 사용 과정에서 필요한 추가 정보를 자주 묻는 질문을 통해 안내해 놓으면 재방문을 유도할 수 있다. 또한 소비자에게 긍정적인 기억을 남기며, 혹시 모를 재구매의 기회도 만들 수 있다.

1:1 문의나 후기에 반복적으로 달리는 내용

예비 소비자 또는 소비자들이 자주 물어보는 질문도 추려서 자주 묻는 질문 속에 배치할 수 있다. 아직 문의가 없는 상태의 판매자라면 유사 제품을 판매하는 타사 상세페이지에 자주 달리는 댓글이나 후기를 조사해 보는 것도 도움이 된다. 다른 상세페이지에서 반복적으로 보이는 질문이 있다면, 유사한 제품을 판매하는 나에게도 언젠가 들어올 수 있는 질문일 것이다. 소비자들이 자주 궁금해 하는 것들을 정리해 미리 안내하면 같은 내용의 반복적인 문의가 줄어들 뿐 아니라, 소비자들의 목소리에 귀를 기울이고 있다는 태도까지 드러낼 수 있어 여러모로 유용하다.

단, 고객의 궁금증을 담되 불만을 그대로 노출하지는 말자. 아무 문제 없다고 생각했던 제품도 누군가 옆에서 '이거 좀 이상한데'라고 바람을 잡으면 점점 이상한 제품으로 느껴지기 마련이다. 자극적이고 부정적인 단어는 소비자의 머릿속에 더 빠르게 각인되는 경향이 있다. 작은 돌 조각 하나가 자동차 유리창에 톡 튀어 금이 가게 만드는 것처럼, 아주 작은 단어 하나가 애써 쌓아 놓은 긍정 경험에 금이 가게 하는 원인이 될 수도 있다. 제품을 아직 만나본 적도 없는 소비자들에게 제품에 대한 부정적인 인식을 심어줄 수 있는 단어를 군이 먼저 사용할 필요는 없다. 반드시 언급이 필요한 내용이라면 부정적인 인상을 심어줄 수 있는 주관적인 표현은 가급적 피하고, 불편 상황에 대해 객관적으로 인지할 수 있는 문구를 자주 묻는 질문의 항

before	after
가죽이 불량인 것 같아요	가죽 표면에 하얀 반점이 있어요
시큼한 상한 냄새가 나요. 상한 건가요?	냄새가 변한 것 같은데 먹어도 될까요?

너, 내 소비자가 돼라

목으로 선택하도록 하자.

자주 묻는 질문은 주로 소비자의 질문과 판매자의 답변이 오가는 대화 형식으로 구성되는데, 이같은 대화체는 제품 사용의 유의사항이나 고객이 오해할 수 있는 민감한 정보를 조금 더 인간적으로 접근하여 마음의 장벽을 허무는 역할도 한다. 자주 묻는 질문은 질문한 문장 + 답변 1~2문장이 이상적이다. 긴 설명이나 이미지 활용은 과감히 생략하고, 한눈에 답변을 알 수 있도록 간결하게, 두괄식으로 작성하는 것이 좋다. 제품에 대한 모든 내용을 다시 한번 작성한답시고 상세페이지의 길이만 늘리는 실수를 하지 않도록 주의하자. 내 상세페이지의 기본 내용보다 자주 묻는 질문이 더 큰 비중을 차지하고 있다면, 상세페이지를 수정해야 하는 것은 아닐지 고민해볼 필요가 있을 것이다.

11

발견형
콘텐츠에
뒤탈이
없으려면

신고당하지 않는
상세페이지가 되려면

공든 탑이 무너지는 것은 한순간이다. 몇 년간 고생해 연구하고 개발한 제품, 몇 개월간 공들여 만든 상세페이지가 한 순간에 무용지물이 될 수 있다. 내 콘텐츠 속 글자 하나, 이미지 하나 때문에.

차를 타고 도로에 나와 운전할 때는 도로교통법을 반드시 따라야 한다. 아무리 빠른 스포츠카를 몰고 있어도 빨간불을 보면 멈춰야 하고, 어린이 보호 구역에서는 정해진 30km/h 제한 속도에 맞춰 저속으로 주행해야 한다. 이는 도로를 주행하는 운전자와 보행자를 모두 안전하게 지키기 위한 규칙으로, 따르지 않으면 딱지가 날아온다. 몇 번쯤은 운 좋게 감시 카메라와 경찰을 피해 가더라도 제대로 걸리는 날엔 벌금뿐 아니라 면허 취소까지도 당할 수 있으므로 꼭 지켜야 하는 중요한 규칙이다.

온라인 판매를 위해 항해하는 스몰 브랜드의 여정에도 도로교통법이 존재한다. 제품 패키지에 인쇄되는 문구, 광고 속 사진, 상세페이지 등 제품과 관련된 콘텐츠는 광고계의 교통법규를 따라야 한다. 우리나라는 「표시·광고의 공정화에 관한 법률(이하 표시광고법)」을 통해 허위광고와 과대광고를 금지하고 있으며, 「화장품법」, 「식품 등의 표시 광고에 관한 법률」, 「의료기기법」 등을 통해 세부 품목별 광고 가이드라인의 기준이 되는 조항을 정의하고 있다. 나아가 판매자 스스로, 또는 관련 기관을 통해 공정한 방식으로 광고하고 판매할 수 있도록 「광고 자율 심의 규정」도 마련되어 있다. 앞서 말한 조항들은 국가법령정보센터에서 검색 및 열람할 수 있다. 이는 소비자에게 올바른 정보를 제공하여 피해를 예방하고, 판매자와 소비자

국가법령정보센터

모두를 보호하기 위한 제도이다. 그리고 모험의 길에 뛰어든 우리는 이 법규에 대해 미리 알고 숙지할 의무가 있다. 사용할 수 있는 표현과 조심해서 접근해야 하는 내용, 사용하면 안 되는 표현을 미리 알고 있지 않으면 나도 모르게 위반 딱지를 받게 될 수 있다.

낯선 법 조항 속 문구에 머리가 지끈 아파올 여러분을 위해, 이제

갓 세상에 고개를 내민 스몰 브랜드들이 이해하고 적용할 수 있도록 이를 네 가지 규칙으로 재구성해 소개한다. 그동안 내가 하고 싶은 말들을 자유롭게 블로그, SNS에 올리던 시절은 뒤로하고, 「표시광고법」에 따른 네 가지 규칙을 살펴보도록 하자.

첫 번째 규칙, 증명할 수 없으면 과장하지 말자. 밑도 끝도 없는 과장과 허풍은 신뢰를 떨어뜨린다. 거짓말로 물건을 팔거나, 과장해서 소비자를 속이는 것이 바람직하지 않다는 것은 누구나 알고 있는 기본적인 윤리이다. 거짓과 과장의 핵심은 '사실과 다름'에 있다. 그리고 사실 여부는 어떤 주장을 뒷받침할 수 있는 근거나 증거가 있느냐에 따라 결정난다.

여기 '5성급 W호텔에 납품하는 퀄리티 침구'라는 문구로 광고 콘텐츠를 만든 브랜드가 있다. 만약 이 브랜드에서 사실은 5성급 W호텔이 아닌 3성급 호텔에 납품하고 있었다면, 혹은 사실 그 어디에도 납품한 적이 없다면 광고 콘텐츠 속 문구는 거짓이 된다. 그러나 광고 속 문구가 사실이라면, 누군가 해당 문구에 문제를 제기할 경우 이를 입증할 수 있는 자료를 제시할 것이다. 예컨대 W호텔과의 계약서가 될 수도 있고, 침구를 납품했던 기록을 찾아서 보여줄 것이다.

그렇다면 '국내 최초 프랑스산 XX원단 사용'이라는 문구는 어떨까. 역시 해당 브랜드가 우리나라에서 프랑스산 XX원단을 가장 처음 사용했다는 사실을 증명할 수 없다면 거짓이 되는데, 증명하기 쉽지 않은 주장이다. 프랑스의 XX원단 업체와의 계약서를 들고올 순 있지만, XX원단이 국내에서 최초로 사용되었는지는 알 길이 없다.

그렇기에 '전 세계에서 최초로 개발했다'거나 '국내 유일한 원조' 등과 같이 증명이 어려운 최상급의 표현은 남발하지 않는 것이 좋다. 50년 된 맛집 사이에서도 '진짜 원조'가 누구인지 의견이 늘 분분한 것처럼, 증명하기 어려운 형용사는 논쟁의 소지가 다분하다. 게다가 요즘 소비자들도 이 수식어가 얼마나 일방적인 주장인지 알고 있다. 물론 제품을 소개하는 문구에 강조를 주기 위해, 사실이 지나치게 왜곡되지 않는 선에서 최상급의 표현을 사용하는 것은 크게 문제되지 않을 수 있다. 하지만 내 제품이 절대적으로 우위에 있음을 지나치게 강조한다면 소비자와의 신뢰에도 금이 갈 뿐 아니라, 경쟁 브랜드들의 심기까지 불편하게 만들고 말 것이다. 누군가 문제 삼았을 때 증명할 수 없다면, 거짓과 과장을 더한 허위 광고라는 오명을 쓰고 쓸쓸하게 외면당하는 결말을 맞이할 수 있으니 조심하는 것이 좋다.

증명하기 어려움을 떠나서도, '최고'와 같은 표현은 앞서 '경험하는 순간, 생생한 1분'에서 소개했던 것처럼 추상적이고 모호한 형용사이기 때문에 추천하지 않는다. 우리는 이제 '최고의 신발을 만들어요' 라는 문구보다 '30년간 100만 명의 고객에게 인정받은 신발을 만들어요'라는 구체적인 문구가 더 설득력 있다는 것을 안다. 아무런 배경 소개 없이 다짜고짜 '내 브랜드가 최고'라고 말한다면 신뢰도 생기지 않고, 머릿속에도 남지 않는다.

두 번째 규칙은 판매자가 의사나 마법사가 아니라는 점을 인지하는 것이다. 오랜 기간 애정을 가지고 제품을 개발하고, 주변인을 통해 효능을 검증하게 되면 내 제품이 세상을 바꿀 위대한 발명품이라는 생각에 쉽게 빠진다. 그동안 의사들이 해내지 못한 일을 내 제품이 해냈다는 생각을 가지기도 한다. 물론 오랜 연구 끝에 세상에 나온 제품이 굉장히 혁신적이고 우수한 효능을 가졌음은 믿어 의심치 않는다. 하지만 우리가 아직 평범한 '일반인'이며, 우리가 판매하는 대부분의 제품은 '공산품'이라는 점을 잊어서는 안 된다. 이 선을 넘는 순간 내 의도와는 상관 없이 소비자를 기만한 판매자가 되어버리기 때문이다.

제품의 효과가 아무리 탁월하다고 해도, 우리나라에서는 의사가 하는 행위나 약이 해결하는 일을 공산품으로 대신할 수 없다. 질환의 명칭과 증상을 언급하면서 예방하거나 치료, 교정할 수 있다는 표현은 피하는 것이 좋다. 예를 들어 내 제품이 '아토피 치료제'로 정식 등록되어 있는 의약품이나 의료기기가 아닌 이상, 제품을 사용하면 아토피가 싹 낫는다는 표현은 삼가야 한다. 실제로 주변에 제품을 통해 아토피가 호전된 체험자가 있더라도, 그동안 민간요법으로 많이 사용되던 치료법이라도 광고에는 사용할 수 없다. 또한 마늘이 암 예방에 좋은 음식 재료라고 상식처럼 알려져 있더라도, '마늘즙' 제품에 항암효과가 있다고 약속할 수는 없다. 역시 마늘즙이 암 치료 또는 예방에 사용되는 정식 의약품이 아니기 때문이다.

이 규칙이 어렵게 느껴진다면 병원에서 들을 법한 병, 치료제, 약의 이름은 광고 콘텐츠에서 아예 언급하지 않는 것이 가장 안전하다. 꼭 특정 단어를 언급하지 않더라도, 간접적으로 병원이 연상되는 의사 이미지나 단어의 사용도 가급적 피하는 것을 추천한다.

넘지 말아야 하는 선이 하나 더 있다. 바로 인간계의 능력을 넘어서는 힘이다. 현실에 없던 것을 만들거나, 시간을 되돌려 생기게 할 수는 없다. 식품이나 화장품, 또는 유사과학을 기반으로 유행하는 일부 제품의 광고 콘텐츠에서 종종 이런 표현을 사용하는데, 모두

지양해야 할 표현 예시

피부 재생 효과
해독 주스, 디톡스 주스
한 번 발랐더니 드라마틱하게 20년 전 피부로 돌아갔다
사라진 것이 복원되었다
몸에 지니고만 있어도 혈액 순환 개선, 운동 능력 향상 효과가 있다

사용하지 않는 것이 가장 좋다는 사실을 기억하자.

특정 단어만 사용하지 않으면 법망을 피해갈 수 있다고 생각하는 판매자도 종종 있다. 예를 들어 '아토피'라는 단어를 사용할 수 없으니 '아X피'라고 표시하거나, '피부가 빨개지고 진물이 나서 고생했어요'라고 돌려 말하면 된다는 것이다. 하지만 이 역시 명백한 규칙 위반이다. 광고 심의는 단어의 유무보다는 전체적인 맥락을 바탕으로 검토된다. 같은 단어라도 해석되는 내용에 따라 사용 가능할 수도, 사용이 어려울 수도 있다. 반대로 특정 단어가 언급되지 않더라도 맥락에 따라 사용이 어려울 수 있다. 교묘한 꼼수는 통하지 않는다.

뒤탈 없는 콘텐츠가 되기 위한 세 번째 규칙, 타 제품을 비방하거나 일반화하지 말자. 타인을 공개적인 공간에서 비난하거나 욕하면 안 된다는 것은 중학생도 알고 있는 상식이다. 만약 콘텐츠를 통해 경쟁사의 제품을 대놓고 저격한다면, 브랜드의 이미지가 훼손된 경쟁사 법무팀의 달갑지 않은 연락을 받게 될 것이다. 그런데 이렇게 직접적으로 한 업체를 저격하여 비방하지 않더라도 공정한 경쟁을 벗어난 패널티 대상이 될 수 있다. 바로 일반화를 통한 비방이다. 이는 소비자의 잘못된 판단을 유도하는 '기만적인' 광고의 한 형태로 간주된다. 예를 들면 '시중 저렴한 중국산 제품에 속지 마세요'라며 저렴하거나 중국산인 제품은 모두 가짜라는 메시지를 전하는 광고, 혹은 '지금까지의 탈모 샴푸는 다 상술이었다. 진짜 과학을 담은 XX

너, 내 소비자가 돼라

샴푸'라며 시중의 기능성 샴푸를 모두 비방하는 광고가 여기에 해당한다. 원래 당이 들어있지 않은 녹차 제품에 '우리 녹차는 당류 0g! 당당하게 공개합니다' 라는 표현을 하며, 마치 이를 공개하지 않은 다른 업체 제품은 믿을 수 없는 것처럼 포장한 광고하는 것도 문제가 될 수 있다.

나에게 유리한 조건에서 타 제품과 내 제품을 비교 실험한 후, 이 사실을 숨긴 채 콘텐츠에 활용하는 경우도 비방에 포함된다. 자외선 차단력을 비교하는 선크림 콘텐츠를 준비하면서 자사 제품은 5회 이상 선크림을 바른 피부로 테스트한 반면, 비교 대상인 타사 제품은 1회 사용 피부로 테스트하여 의도적인 차이를 만든 광고가 해당한다. 비교 대상이나 기준을 분명하게 밝히지 않거나, 객관적인 근거 없이 다른 브랜드의 제품과 비교하고 상대가 불리할 만한 내용만 표시하여 '내가 더 낫다'고 주장하는 행위는 읽는 사람의 눈살을 찌푸리게 할 뿐 아니라 실제로 위법한 내용이니 유의하자.

나 외에 모두를 안 좋은 방향으로 몰아가는 콘텐츠는 주의할 필요가 있다. '일반화' 한다는 것은 내 브랜드의 제품은 우수하고, 나머지 다른 제품은 모두 그렇지 못하다는 간접적인 비방이다. 기존 제품들의 공통된 속성들을 언급하며 '남들보다 내가 더 우수하다'는 주장이 담겨있기 때문이다. 비난할 의도는 없었다고, 단지 나는 사실만을 말한 것이라고 해도 남들이 보기에 타사를 깎아내리려는 의도로 보인다면 비방이다. 소비자들에게 특정 정보를 숨기고, 잘못된 이해를 바탕으로 구매를 결정하게 만드는 것은 신뢰받는 브랜드가 되고 싶다면 반드시 피해야 한다.

마지막 네 번째 규칙은 모든 것은 서류에서부터 시작됨을 기억하는 것이다. 「표시광고법」과 광고 심의 기준을 지킨다는 것은 결국 사실을 기반으로 제품을 판매한다는 것이다. 사실을 기반으로 한다는 것은 '증명할 수 있는 주장'을 펼친다는 것인데, 증명의 가장 쉬운 방법은 제품과 관련된 공식 서류들이다. 서류를 기반으로 콘텐츠를 제작하면 까다로운 광고 심의 기준때문에 머리 아플 일이 줄어든다.

우리나라에는 제품의 성능과 효과에 대한 시험 성적을 발급하거나, 품질에 대한 인증을 해주는 다양한 제도가 있다. 인증 기관을 통해 항균, 항곰팡이, 살균, 탈취 등의 기능성에 대한 테스트 결과를 받거나 안정성 검사를 통해 KC인증 마크, 친환경 인증 마크 등을 받도록 한 제도인데, 인증이 없으면 제품 판매가 불가한 품목도 있어 신제품을 론칭할 때 반드시 확인해 봐야 하는 서류 절차이기도 하다. 대표적인 인증·시험 기관으로는 한국화학융합시험연구원**KTR**, 한국건설생활환경시험연구원**KCL**, 한국의류연구원**KATRI**, KOTITI 시험연구원 등이 있다. 기관별 시험 내용과 비용, 기간 등을 확인하여 내 제품에 맞는 연구 기관을 선택하면 된다.

너, 내 소비자가 돼라

친환경 인증을 받지 않았는데 '친환경 인증 제품'이라는 표현을 사용하거나, 항균 시험 성적이 없음에도 '항균성'에 대해 어필한다면 사실을 벗어난 주장을 하는 것이나 다름없다. 꼭 강조하고 싶은 제품의 성능이 있다면, 해당 성능으로 받을 수 있는 시험 성적이 있는지 미리 확인하고 준비하는 것이 가장 좋다. 상세페이지나 광고 소재로 사용할 수 있을 뿐 아니라, 내 제품력을 더 탄탄하게 뒷받침해주는 근거 자료가 될테니 말이다. 만약 서류가 구비되지 않았다면, 서류를 기반으로 사용할 수 있는 표현보다는 완곡한 다른 표현을 사용하는 것이 안전하다.

인증서라는 단어가 주는 권위와 신뢰 때문인지 온라인 쇼핑을 하다 보면 '○○○ 인증'이라는 단어로 제품의 품질과 신뢰를 강조하는 상세페이지를 많이 볼 수 있다. 하지만 이 역시 주의해야 하는 표현 중 하나이다. 서류상으로 적법한 '인증'을 받은 것이 아닌 시험 성적, 상장, 수료증 등은 원칙적으로 인증이라는 표현이 적합하지 않다. 단순히 품질 검사를 받은 내용을 마치 제품의 기능성에 대한 인증을 받은 것처럼 포장해 소비자에게 소개하지 않도록 하자. 공식적으로 인증서를 발급하는 기관이 아닌 곳에서 받고 인증했다는 표현을 쓰는 것도 삼가는 것이 좋다.

제품 카테고리에 따라 서류의 중요성이 더 커지기도 한다. 인체에 직접적인 영향을 주는 식품이나 화장품 등은 관련 행정 기관의 모니터링과 소비자(또는 소비자를 빙자한 경쟁사)의 신고가 활발히 이루어지기도 하고, 광고 표현에 대한 규제가 더 엄격한 편이다. 서류를 기반으로 세부 품목에 따라 광고 속 표현할 수 있는 내용의 범위도 꽤나 깊고 구체적으로 규정되어 있다. 내가 판매하려는 제품이 정확히 어떤 분류에 속하며 어떤 표현까지 허용되는지 반드시 알아두어야 한다.

식품의 경우 일반 가공식품과 건강기능식품, 특수용도식품 등으로 다시 분류되며, 화장품은 일반 화장품과 기능성 화장품으로 세분화 되어 있으니 나의 제품이 정확히 어디에 속하는지 이해하고 상세페이지 제작을 시작하는 것이 좋다. 감이 잘 잡히지 않는다면 국가기관, 협회에서 발행한 교육 자료를 미리 살펴보는 것을 추천한다. 예를 들어 한국건강기능식품협회에서는 법률 해석과 실제 위반 사례를 바탕으로 구성한 〈표시·광고 가이드라인〉을 정기적으로 발행하고 있다. 본격적으로 콘텐츠를 만들기 전 살펴보면 어려워 보이는 규정들을 이해하는 데 도움을 받을 수 있다.

방향 제품(디퓨저, 캔들, 탈취제, 룸 스프레이 등의 홈 프레그런스)이 속한 안전확인대상 생활화학제품도 서류가 중요한 품목이다. 예를 들어 '섬유용 방향제'로 신고된 스프레이형 제품의 상세페이지에서 제품을 화장품인 향수처럼 피부에 분사하는 모습을 노출하거나, 방향이 아닌 '탈취' 효과를 강조한다면 역시 규칙 위반이 된다.

세부 기준은 사회적 이슈나 정부 지침에 따라 변경되기도 한다. 지금은 사용이 가능한 표현들이 사용 불가 표현으로 변경될 수 있고, 반대로 사용이 어려웠던 표현이 사용 가능해질 수 있으니 관련 제품을 준비하는 브랜드라면 꾸준히 관심을 갖고 최신 자료를 확인하는 것이 필요하다.

'거짓말 하지 말아라, 남을 욕하지 말아라, 사실만을 말해라'. 어떻게 보면 너무 당연하고 뻔한 도덕책 같은 내용일 수 있다. 사실 작정하고 소비자를 속이려는 일부 악성 판매자를 제외한다면, 그 누구도 처음부터 '법을 어기고 사람들을 속여야지' 다짐하고 시작하지 않는다. 단지 내 제품을 더 멋지게 소개하고, 더 돋보이게 하고 싶은 간절한 마음만 있을 뿐이다.

규칙을 위반한 모든 콘텐츠가 실제 신고로 이어지는 것은 아니다. 그래서 많은 판매자들이 '이 정도는 괜찮겠지'라는 생각으로 비교적 자유롭게 제품을 소개하는 것도 사실이다. 하지만 우리 사회에는 보는 사람이 없어도 신호를 지키는 양심 운전자가 필요하다. 꼭 신고를 당하지 않더라도 광고의 기본 규칙은 지켜져야 한다. 특히 단순한 양심의 문제에서 끝나지 않고, 신뢰의 문제로 이어지는 발견형 소비의 세계에서는 규칙을 잘 따르는 것이 더더욱 중요하다. 과장, 허위, 기만 광고를 통해 제품을 판매하고 있다는 사실이 소비자들에게 알려지면 브랜드는 빠르게 신뢰를 잃게 된다. 우연히 법망을 피해갈 수 있어도, 소비자들의 외면까지 피할 수 없는 것이다. 제품을 소개하는 콘텐츠를 제작하면서 잘 보이고 싶은 욕심에 남발한 과장된 표현이 있진 않은지, 기본적인 「표시광고법」을 준수하고는 있는지 점검해 보는 과정이 필요하다. 제품을 제대로 소개해 보기도 전에 '진정성 없는 브랜드'로 알려져 버린다면, 초기 신뢰 형성이 중요한 발견형 소비자의 마음을 얻을 수 없을 것이다.

비방과 비교 사이, 내 제품의 차별점을 강조하는 방법

여기 한 캐시미어 브랜드가 있다. 이 브랜드에서는 제품의 고급스러움, 부드러움, 가벼움을 유지하기 위해 캐시미어 비율이 높은 고급 원단만을 사용하여 제품을 만든다. 이 브랜드의 의류 라인은 캐시미어 함유량이 적은 혼방 캐시미어 제품들과는 확연한 차이가 있으며, 프리미엄 원단은 브랜드의 가장 큰 차별점이라고 말한다. 브랜드 제품이 시중의 제품들보다 비쌀 수밖에 없는 이유이기도 하다.

이 브랜드의 제품 판매를 위해 상세페이지 제작을 담당하게 된 콘텐츠 기획자 K씨는 원단의 강점을 설명하고 제품의 가격을 설득하는 방법으로 '비교'를 선택할 수 있을 것이다. 브랜드에서 사용하는 원단이 왜 비싼지, 어떻게 다른지 보여줄 수 있는 가장 직관적인

	A 브랜드 캐시미어 50%	B 브랜드 캐시미어 3%
무게	가볍다	무겁다
촉감	부드럽다	뻣뻣하다
보온성	상	하

방법이기 때문이다. 캐시미어 50% 원단과 캐시미어 3% 원단의 두께, 무게, 보온성 등을 비교하여 보여줄 수도, 캐시미어 함유량에 따른 원단의 단가가 어떻게 달라지는지 직접적으로 노출할 수도 있다. 그리고 앞 표와 같은 콘텐츠를 제작하게 될 것이다.

앞서 「표시광고법」의 '타 제품을 비방하지 말라'는 규칙을 기억하고 있다면, 어딘가 찜찜한 부분을 감지했을 것이다. 원단을 비교했을 뿐이긴 한데, '그래서 캐시미어 함유량이 낮은 다른 제품들은 별로라는 건가' 하는 생각에 머리를 갸우뚱했다면 정답이다. 그렇다. 내 제품을 돋보이게 하기 위한 비교는, 비방과 한 끗 차이다. 차별점을 강조하는 콘텐츠는 자칫 '타 제품이 내 제품보다 열등하다'는 사실을 보여주는 콘텐츠로 변하기 십상이다. 비교하고자 한다면 더 세심해질 필요가 있다. 차별점을 보여주되 비방하지 않는 방법, 차별점을 강조하되 남들과 우열을 가리지 않는 방법을 알아야 한다. 이게 무슨 따듯한 아이스 아메리카노 같은 말이냐고 생각하기 시작했다면, 조금 더 인내심을 가지고 발견형 콘텐츠의 비교 활용법에 대해 알아보도록 하자.

우리는 왜 비교하고 싶어할까? 그동안 발견형 소비를 기다리는 신제품의 상세페이지를 수백 건 담당하며 알게 된 세 가지 이유는 빠른 묘사, 차별점 강조, 효과 묘사였다.

우리가 과거로 돌아가 비행기의 개념을 설명한다고 가정해 보자. 기체와 고체, 양력에 대해 설명하는 것보다 '새처럼 하늘을 날 수 있다'며 사람들이 익숙할 새에 빗대어 설명하는 편이 더 빠를 것이다. 사람들은 실제로 만나보지 못한 개념보다, 이미 알고 있는 개념을 더 빠르게 이해하고 생생하게 떠올릴 수 있기 때문이다.

이를 본능적으로 알고 있는 우리는 사람들에게 내 제품을 소개할 때도 조금 더 익숙한 다른 제품에 대해 이야기하게 된다. 다른 제품과 내 제품의 강점을 비교하는 이유는 제품의 차별점을 보여주기 위함도 있지만, 소비자에게 조금 더 익숙한 제품을 기준으로 이해를 돕기 위해서다.

이때 묘사에 집중한다면 우열을 가리지 않고 비교하는 콘텐츠를 만들 수 있다. 핵심은 비교 대상 선정과 객관적 정보 전달이다. 먼저 묘사하고자 하는 특징이 무엇인지 정확하게 파악한 후, 가급적 모든 사람에게 공통된 개념을 전달할 수 있는 비교 대상을 선정한다. 비교 대상은 고유명사, 대명사보다는 일반명사가 좋다. 비교 대상과 기준을 명확하게 하면서 비교로 인해 누군가 기분이 상하지는 않을지 고

러하는 것도 좋다. 아예 같은 제품군을 피해 선정하는 방법도 있다.

앞서 살펴본 예시처럼 캐시미어 코트의 보온력을 강조하는 것이 목적이라면 경쟁사인 B사 제품과 직접적으로 비교하는 대신, 아예 다른 제품군인 '패딩'과 비교해 소개해 볼 수 있다. 두께는 얇지만 경량 패딩에 준하는 보온력을 가져다 준다는 문구와 함께, 두꺼운 패딩과 캐시미어 코트의 내부 온도를 측정해 보온력을 보여주는 것이다. 경량성을 강조하고 싶다면 코트의 무게를 체감할 수 있게 500㎖ 페트병 생수와 무게를 비교해 볼 수 있다.

반면 단순 비교와 묘사를 넘어, 제품의 차별점이나 우위를 꼭 강조하고 싶은 상황도 있을 것이다. 이럴 땐 남이 아닌 내 이야기에 집중하는 방법으로 비교를 활용하면 도움이 된다. 바로 '내 제품끼리' 비교하는 것이다. 제품의 우열을 짚고 넘어가더라도, 내 자신의 과거 제품을 비방하는 정도에 머물기 때문에 비교적 마음 편히 제품의 차별점을 언급할 수 있다는 장점이 있다. 판매하려는 제품의 이전 버전이 있다면, 제품이 업그레이드 되기 전과 후를 비교해서 보여주며 이번 신제품이 얼마나 좋은 스펙을 가지고 있는지 드러낼 수 있다. 또는 제품 개발 과정에서 다양한 샘플링, 소재 테스트를 해 봤다면 이 자료를 활용해 완성된 최종 제품의 뛰어난 특징을 강조해 보아도 좋다. 다른 업체에 대한 이야기 대신 내가 노력한 것, 내 브랜드의 특징을 하나라도 더 들려준다고 생각하면 쉽다.

비교를 사용하는 또다른 이유는 제품의 기능과 효능이 얼마나 잘 작동하는지 보여주기 위함이다. 가장 널리 사용되어 우리에게 익숙한 비교의 방식으로는 제품 체험 비포 앤 애프터를 사진과 함께 보여주는 방법이 있다. 사용 전후를 비교한 콘텐츠에는 타사의 제품이나 브랜드가 등장하지 않아 비교적 안전할 수 있다. 하지만 이러한 비교도 문제가 될 수 있다. 이번엔 '과장'이다.

사용 전후의 모습을 부풀리거나 조작해 콘텐츠에 활용하는 것은 바람직하지 않다는 것은 당연한 이야기로 들릴지 모른다. 하지만 생각보다 많은 사람들이 실제 경험담을 바탕으로 콘텐츠를 만들고, 이로 인해 문제를 겪는다. **특히 식품, 화장품 군의 제품으로 사용 전후 콘텐츠를 준비한다면, 제품이 의약품처럼 치료의 효과를 가져다 준다거나 드라마틱한 효과를 만들었다는 전후 비교는 피하는 것이 바람직하다.** 설령 후기를 제공한 체험자가 실제 경험한 일이나 사실에 기반한 전후 비교라고 해도, 체험자의 경험이 꼭 제품 때문이라고 단정할 수 있는 과학적 근거가 충분하지 않다. 브랜드나 소비자가 직접 진행한 제품 체험 테스트는 실험실과 같이 모든 조건이 통제된 상태에서 진행되지 않기 때문이다. 체험자의 피부가 갑자기 좋아진 것이 브랜드에서 제공한 '진정 크림' 때문일지, 체험자가 한 달째 기름진 음식과 술을 먹지 않아서일지는 아무도 모르는 것이다. 비슷하게 개인별 상황에 따라 차이가 날 수 있는 결과를 무조건 보장해 줄 것처럼 묘사하는 것은 바람직하지 않다. 사용 전후 비교로 '2달만에

00kg 감량' 이라는 문구를 꼭 사용하고 싶다면, 콘텐츠 하단에 사용자에 따라 다른 결과가 나올 수 있음을 안내하는 것이 과장 광고의 선을 지키는 첫걸음이다.

광고 심의에 대한 내용으로 강의나 컨설팅을 하다 보면 자극적이고 드라마틱한 비교 콘텐츠를 사용하지 못하는 점에 대해 아쉬움을 표현하는 판매자들을 왕왕 만나게 된다. 나 역시 비교를 활용하는 것이 소비자의 시선을 사로잡는 가장 쉬운 방법 중 하나라는 점에 동의하기도 한다. 하지만 남을 깎아내리는 듯한 비교, 지나치게 과장된 효과는 오히려 상세페이지의 사실 여부와 제품의 효능을 의심하게 만들 수 있다. 소비자와의 신뢰에 악영향을 미치는 비교 콘텐츠는 차라리 사용하지 않는 것이 낫다. 무작정 상세페이지에 비교 콘텐츠를 넣기 전에 내가 왜 비교하고 싶은지, 비교를 통해 어떤 정보를 전달하고 싶은지 조금 더 깊숙이 들여다 보자. 눈살을 찌푸리게 만드는 자극 없이도 안전하고 효과적인 비교로 얼마든지 상세페이지를 채울 수 있을 것이다.

말하지 않아서 생기는 문제

디퓨저 브랜드 P사의 대표는 작년 여름 다녀온 바닷가를 떠올리며 신제품을 만들었다. 리서치를 위해 타 브랜드의 쇼핑몰을 구경하던 중, 제품의 분위기와 잘 어울릴 것 같은 바다 사진을 찾게 되었다. 다른 브랜드의 제품도, 모델이나 사람의 얼굴도 나오지 않은 그저 바다와 하늘이 찍힌 사진들이었다. SNS에서 멋진 풍경 사진을 보게 되면 꼭 공유하는 습관이 있었기에 바다 사진 2장을 빠르게 다운로드 받아 상세페이지에 넣었다.

아웃도어 브랜드 B는 겨울 시즌을 맞아 발열 안감이 덧대진 침낭을 제작해, 온라인 사이트에서 프로모션을 준비하고 있다. 때마침 예년보다 올 겨울 기온이 많이 떨어질 것이라는 일기 예보가 있어 이 사실을 적극 활용하기로 한다. 공신력 있는 뉴스의 일기예보 기사를 캡쳐하고, 뉴스 이름과 기사 발행 날짜까지 투명하게 밝혀 상세페이지를 제작했다.

핸드메이드 액세서리 브랜드를 운영하는 작가 L도 처음으로 온라인 판매에 도전한다. 디자인을 전공했던 작가 L은 상세페이지 콘텐츠 역시 직접 디자인하자는 마음에 포토샵을 켰다. 하지만 작가 L의 컴퓨터에는 제품 사진과 어울릴 만한 폰트가 없었고, 인터넷에 '무료 폰트'를 검색해 마음에 드는 폰트를 받아 콘텐츠 제작에 사용했다.

그리고 이 세 브랜드는 모두 법적 분쟁에 휘말리게 된다. 지적재산권 침해라는 이유로 말이다.

너, 내 소비자가 돼라

함부로 말해서 생기는 문제가 있는 반면, 말하지 않아서 생기는 문제도 있다. 타인의 저작물을 허락 없이 사용한 콘텐츠, 출처를 밝히지 않고 무단으로 활용해 지식재산권을 침해한 콘텐츠가 그 주인공이다. 흔히 '무단도용' 또는 '저작권 침해'라고 하면 의도적으로 타인의 것을 베끼거나 악용하는 범죄 행위를 떠올리곤 하는데, 생각보다 많은 스몰 브랜드들이 자신도 모르게 위법을 저지르게 된다. 앞서 살펴본 세 브랜드의 사례처럼 말이다. 저작권 분쟁에 휘말렸다고 무조건 무거운 처벌을 받는 것은 아니다. 하지만 갑작스런 손해배상 비용 청구에 난처해질 수도, 애써 만든 콘텐츠를 사용하지 못하게 될 수도, 분쟁을 해결하느라 사업 운영에 지장이 생길 수도 있다. 어느 날 갑자기 '내용증명' 공문을 받고 당황하지 않으려면, 미리 알고 대비하는 것이 중요하다.

우리가 일상에서 접하는 거의 모든 것은 누군가의 '저작물'이다. 자신의 생각과 의견을 글·사진·영상·음악·디자인 등의 형태로 만들어낸 모든 것은 저작물이 될 수 있다. 만약 내가 직접 사진을 찍고, 내 생각을 글로 적어 SNS에 올렸다면 이 콘텐츠의 사진과 글은 모두 내 저작물이다. 저작물의 주인인 나에게 저작물을 사용할 권리도 주어진다. 다시 말해, 저작권이 나에게 생긴다. 반면 내가 아닌 남이 만들어낸 것은 타인의 저작물이다. 타인의 저작물을 이용하고자 한다면, 저작권을 가진 당사자에게 허락을 받아야 한다. 허락 없이 저작물을 사용한다면 저작권 침해로 이어지는 것이다.

| 그림 27 |

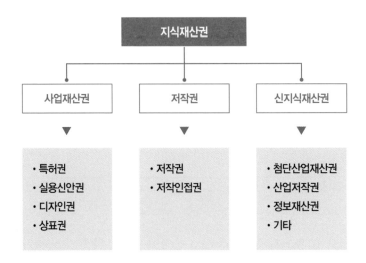

제품을 론칭하고 판매하는 과정에서도 다양한 저작물을 만들고, 사용하게 된다. 브랜드 로고 제작부터 패키지 디자인, 상세페이지 제작, 광고 배너와 영상 제작까지. 저작권과 관련된 골치 아픈 고민에서 벗어나기 위한 가장 좋은 방법은 아마도 자급자족일 것이다. 오롯이 내 창작물만을 활용해 판매 활동을 하는 것 말이다. 하지만 무조건 피하는 것만이 정답은 아니다. 사실 내 상세페이지에 사용할 폰트 디자인 파일부터 영상에 넣을 배경 음악까지 내가 직접 100% 생산하는 것은 결코 쉬운 일이 아니다. 우리에겐 다른 전문가들이 만들어 놓은 재료가 필요한 순간이 분명 찾아온다.

사용하려는 저작물의 형태가 폰트이든 사진이든 영상이든 간에 내가 만들지 않은 저작물을 제품 판매와 관련된 용도로 활용하고자 한다면 필수로 확인해야 하는 세 가지가 있다. **첫째, 저작권자에게 허락을 받아 사용할 수 있는가. 둘째, 유료인가 무료인가. 셋째, 상업적으로 사용이 가능한가.**

바다 콘셉트의 디퓨저를 판매하려던 스몰 브랜드 P처럼, 제품 판매를 위해 다른 사람이 촬영한 사진이 필요하다면 사진의 주인에게 반드시 알리고, 허락을 구해 사용 가능한 파일을 받아야 한다. 사진을 말없이 가져오는 것 외에, 남이 만든 콘텐츠를 똑같이 베껴 만들어서도 안 된다. 인터넷에 비슷한 사진이 많이 떠돌고 있으니 괜찮을 것이라고 생각하거나, '더 많은 사람들에게 홍보해 주면 좋은 거 아닌가'라는 생각을 했다면 멈춰야 한다. 사진 저작물은 피사체나 구도, 카메라 각도, 빛의 방향과 양, 보정 방법 등 촬영한 사람의 생각과 감정이 반영되어 저작물로 인정될 수 있다. 이는 비단 사진에만 해당되는 내용이 아니다. 이모티콘이나 일러스트, 디자인 템플릿, 음악, 영상 등 모든 저작물을 다운로드할 때 같은 기준이 적용된다.

다른 사이트가 아니라 내 쇼핑몰에 달린 후기 사진들도 마찬가지이다. 소비자가 자발적으로 남긴 후기 속 사진을 작성자 동의 없이 마음대로 배포했다간 저작권뿐 아니라 개인정보 유출이나 초상권침해 문제로까지 이어질 수 있으니 주의하는 것이 좋다. 사진 자료 활용이 필요하면 후기 작성자의 동의를 구하고, 개인정보가 될 수 있는 내용은 모자이크 처리하여 노출되지 않도록 세심하게 신경 쓰는 습관을 가지도록 하자.

물론, 인터넷에서 찾은 사진 주인의 연락처를 알아내 허락을 구하는 일은 결코 쉽지 않다. 그래서 많은 스톡 사진stock photography 사이트가 생겨났다. 스톡 사진은 유·무료로 공급되며 특정 용도로 사용할 수 있는 사진을 말하는데, 전용 사이트를 이용하면 이미지들을 안전하고 편리하게 다운로드 받아 콘텐츠에 활용할 수 있다. 우리나라에서는 셔터스톡Shutterstock, 픽사베이Pixabay, 언스플래시Unsplash, 펙셀스Pexels 등의 사이트가 일반인들에게도 많이 알려져 있다. 어도비Adobe에서도 상업적 사용이 가능한 포토샵 디자인 템플릿 및 사진을 다양하게 제공하기도 한다. 다만 스톡 사진이라고 해서 모두 무료로, 마음대로 사용해도 되는 것은 아니다. 같은 사이트 안에서도 저작물마다 사용 범위, 비용, 조건이 다르니 반드시 확인해야 한다. 무료 사이트 내에서도 유료로 구매하지 않으면 워터마크가 찍히거나, 사용 시 출처를 반드시 표기하는 것이 조건인 저작물도 있으니 다운로드 전 안내를 꼭 확인하도록 하자.

원하는 사진을 찾아 인터넷을 탐색하는 데에 지쳤다면, 챗GPT를 필두로 계속해서 발전하고 있는 AI(인공지능)를 활용해 보는 것도 방법이다. 내가 입력하는 대로 글도 써주고 그림도 그려준다는 생성형 AI는 IT 업계 트렌드에 딱히 관심이 없는 사람이더라도 한 번쯤 들

너, 내 소비자가 돼라

어봤을 것이다. 생성형 AI가 만들어낸 그림과 사진의 저작권 문제는 아직 사회의 뜨거운 감자이지만, 현 시점에서 법적으로 문제되지 않는 선에서 AI의 산출물로 콘텐츠를 제작하는 사람들이 늘어나고 있다. 예를 들어 어도비의 AI 서비스를 이용하면 라이선스가 부여된 어도비 스톡의 이미지와 저작권 문제가 없는 이미지를 중심으로 결과물을 생성하기 때문에 상업적 활용이 가능할 수 있다. 단, 디즈니 캐릭터를 본 따 내 캐릭터를 생성하는 등 현존하는 저작물이나 브랜드의 상표가 직접적으로 드러나게 된다면 저작권 문제가 다시 불거질 수 있으니 주의하는 것이 좋다. 아직까지 다양한 논쟁이 오가는 분야인 만큼, 생성형 AI의 저작권 관련 사회 이슈에 관심을 가지고 콘텐츠를 준비하는 것을 추천한다.

뉴스 기사로 배포된 내용을 출처와 날짜까지 밝혀 사용했던 아웃도어 브랜드 B 역시 필수로 확인해야 하는 세 가지를 챙기지 않아 문제가 생긴 것이다. 사람들은 종종 TV에 방영된 프로그램의 한 장면이나 뉴스 기사, SNS에 돌아다니는 영화 속 명장면이 무료로 공개된 콘텐츠 소스라고 착각하는데, 이 또한 타인의 저작물이다. 뉴스를 캡처하여 상업적 용도로 활용하거나, 상세페이지 제작을 위해 2차 가공하고 싶다면 해당 저작물의 주인인 언론사에게 허락을 구해야 하는 것이 원칙이다.

직접 사진을 찍고 디자인 작업을 했던 작가 L은 사용한 폰트 때문에 문제를 겪었다. 제품 패키징이나 브로서, 온라인 콘텐츠를 직접 디자인한다면 폰트 파일(ttf, otf 등의 확장자를 가진 폰트 파일) 역시 저작물의 일종이라는 사실을 꼭 기억하고 있어야 한다. 폰트 라이선스에 대해 잘 알지 못하는 경우, 폰트 파일을 찾을 때 무료 여부 정도만 확인하거나, 컴퓨터에 깔려 있던 폰트는 다 기본 폰트이겠거니 하고 넘겨짚는 실수를 하게 된다. 폰트를 무료로 받을 수 있었다고, 혹은 폰트가 내 컴퓨터에 기본으로 설치되어 있다고 해서 사용 범위가 무제한적으로 열려 있는 것은 아니다. 폰트 파일로 상업적 콘텐츠를 만들기 전 다음의 항목들을 꼼꼼히 확인해 보자. 대부분의 경우 폰트 다운로드 페이지 또는 제작사 사이트에 폰트 파일의 사용 범위를 안내하고 있으니, 새로운 폰트를 다운로드하기 전 사용 범위를 확인하는 습관을 들이면 좋다.

- 개인적 용도만이 아닌 상업적 용도로 사용이 가능한가
- 인쇄물(브로슈어·포스터·책·잡지·출판물 등) 제작에 사용 가능한가
- 온라인 콘텐츠 웹사이트, 온라인 광고 배너, E-book 등의 제작에 사용 가능한가
- 상품의 패키징이나 로고(BI·CI) 제작에 사용이 가능한가
- 웹사이트에 폰트를 탑재(임베딩)하는 게 가능한가

아는 만큼 조심할 수 있고 당당할 수 있다. 내가 만든 콘텐츠에 어떤 저작물이 사용되었는지, 저작물의 사용 범위가 무엇이었는지 알고 있다면 저작권을 침해했다는 공문을 받았을 때 당황하지 않고 대

너, 내 소비자가 돼라

처할 수 있는 힘이 생긴다. 만약 혼자서 해결하기 어려운 상황이거나, 어떻게 대처해야 할지 모르겠다면 빠르게 전문가를 찾는 것도 좋다. 사업 전체에 영향을 줄 정도로 심각해 보였던 문제가 의외로 전화 상담 한 번에 쉽게 해결될 수도 있으니 말이다. 한국저작권위원회와 같은 전문 기관에서 무료 상담 및 국내 창업 기업이나 소상공인을 위한 다양한 법적 자문 서비스를 제공하고 있으니 망설이지 말고 적극 활용해 보기를 바란다.

12

나에게
필요한
발견 전략은

●

카테고리별 콘텐츠 제작 팁 1
: 화장품

'이 제품은 좀 다를 것 같아!'

화장품 상세페이지를 구경하던 발견형 소비자의 머릿속에 이런 목소리가 들렸다면 성공이다. **화장품 상세페이지가 가져야 할 발견 전략은 바로 '기대'와 '환승'이다.**

2022년에는 한국에서 12만 개가 넘는 화장품이 생산되었다고 한다(출처: 통계청 '2022년 화장품 책임판매업체 생산실적'). 매일 수백 개의 제품이 쏟아져 나오는 꼴이다. 뷰티 공화국이라는 명성이 결코 아깝지 않아 보이는 어마어마한 숫자이다. 세상에 이렇게 다양한 제품이 있는데 실상 내 피부를 운명처럼 바꿔줄 화장품을 만나기는 쉽지 않다. 아주 민감한 피부를 가져서 이 브랜드 아니면 절대 안 쓰는 일부 소비자를 제외하면, 사용 중인 화장품에 100% 만족해 영원히 바꿀 의사가 없다고 말할 사람은 아마 아무도 없을 것이다.

화장품 분야는 신제품을 제시해 '이건 좀 다를것 같아'라는 기대를 심어, 내 제품으로 환승하게 만드는 것이 핵심이다. 가슴 아픈 이야기이지만 남녀 관계에서도 환승 이별이 발생하는 이유는 기존 연인과 다른 새로운 누군가가 나타났기 때문이다. '이 사람은 그동안 만났던 사람들과는 다를 것 같아. 더 행복해질 수 있을 것 같아'라는 확신이 들면, 기존 관계는 막을 내리고 새 관계가 시작된다. 발견의 세계에서도 마찬가지다. 기존에 사용하던 것에서 내 제품으로 갈아타게 하려면, 색다른 매력을 보여줄 수 있어야 한다.

내 상세페이지 오프닝에 누구나 할 수 있는 얘기가 들어있다면 과감히 교체하자. 보습, 미백, 올인원 등 상향 평준화된 화장품의 기능을 아무리 외쳐도 주목받기는 쉽지 않다. 시중에 비슷한 것이 너무 많기 때문이다. 화장품 유목민을 타깃한답시고 '화장품 유목민 여기 주목!' 이라는 진부한 카피를 넣으려 했어도 타이핑을 멈추는 것이 좋겠다.

내 제품에만 사용한 컨셉 성분, 임상 시험 결과, 독보적인 성분 함유량, 사용 방법 등 나만이 할 수 있는 말들을 찾아 오프닝에 넣자. 내 제품을 각인할 수 있는 별명을 적극 노출하는 것도 좋다. 그 내용이 꼭 '기능성'에 관련될 필요는 없다. 제품을 개발한 이유, 개발할 때 걸린 시간, 개발자의 독특한 이력 등 개인적인 이야기를 담을수록 경쟁력은 올라간다.

새로운 기능 대신, 새로운 일상을 셀링 포인트로 잡는 것도 좋은 방법이다. 화장품이 피부에 줄 수 있는 기능은 한정적이다. 이미 기능을 완벽히 수행해 낸다고 자랑하는 제품도 너무나 많다. 단순히 '피부가 좋아졌으면 좋겠어'라는 니즈에 한 발짝 더 들어가 '아침에 부지런히 준비하지 않아도 좋은 피부로 외출하고 싶어' 또는 '나도 연예인들이 받는 관리 받아보고 싶어'와 같은 니즈를 공략해보자. 숨은 욕망을 해결해줄 제품을 제안할 수 있다면, 소비자가 갈아탈 이유는 충분하다.

before	after
파워 수분 미스트	매일매일 스파한 듯 깊은 수분감 [온천수 80%]
극손상모 올인원 케어 트리트먼트	청담샵 15년 차 헤어스타일리스트의 야심작
빠른 흡수의 데일리 페이셜 팩	3초 흡수 모닝팩
24시간 롱래스팅 마스카라	눈 진짜 예쁘다 당신이 24시간 듣게 될 말

너, 내 소비자가 돼라

화장품 업계에서 '컨셉concept 성분'은 브랜드가 화장품을 광고할 때 가장 중요하게 내세우는 성분이다. 당장 올리브영에 방문해 기초 화장품 코너를 조금만 돌아보아도 티트리, 시어버터, 콜라겐, 시카, 히알루론산과 같이 기능성과 연결된 성분부터 토마토, 사과, 꿀, 흑설탕, 화산송이, 해양심층수, 버섯추출물 등 육지와 바다를 넘나드는 다양한 성분을 볼 수 있다. 이러한 컨셉 성분들이 화장품 전체 성분 중 가장 작은 비중을 차지하더라도, 마케팅 효과는 어마어마하다. 소비자는 이 성분 하나로 '이 제품은 좀 다를 것 같아'라는 기대를 가지기 때문이다.

컨셉 성분은 유행을 타기도 한다. 예를 들어 콜라겐과 같은 성분은 이미 탄력을 위한 필수 재료처럼 흔해져서, 단독으로는 제품에 큰 차별점을 만들어주지는 못한다. 시중에 이미 많은 콜라겐 제품이 있기 때문에 '콜라겐 크림'이라는 제품 별명은 소비자의 머릿속에 각인되기도 어렵다. 콜라겐처럼 많은 브랜드에서 찾아볼 수 있는 성분이 내 제품의 컨셉 성분이라면, 이와 함께 내 제품만의 다른 차별점을 함께 활용하는 것이 좋다.

제품에 특별한 컨셉 성분이 사용되었다면, 이것 하나로 승부를 걸어 봐도 좋다. 비타민이 직관적으로 연상되는 자몽, 그린 애플과 같은 과일 성분이나 매끈한 피부가 연상되는 온천수, 달걀 흰자, 맑고 깨끗한 이미지의 빙하수처럼 제품의 기능성과 성분이 직관적으로 연결된다면 효과적이다.

한편 일반인의 시각에서 좋은 피부를 즉각 떠올리기 어려운 성분이나 기술이 사용된 경우도 있을 것이다. 전면에 내세우고자 하는 키워드가 너무 생소한 경우에는 제품 별명으로 밀어붙이기보다는 설명글로 풀어가는 것을 추천한다. 이 성분을 왜 사용했는지, 그래서 피부에 어떤 작용을 하는지 상세하지만 쉬운 말을 덧붙여 주면 더 좋다. 예를 들어 버섯추출물로 만든 화장품의 경우, '버섯'이라는 컨셉 성분만 강조한다면 제품의 강점을 전달하는 데 한계가 생길 수 있다. 이때, 다음과 같은 설명으로 성분을 풀어 써주고, 버섯보다 직관적으로 와닿는 단어를 함께 활용하면 효과적인 전달이 가능하다.

'자연의 분해자'라고 알려진 버섯은 식물성 콜라겐이에요. 건강한 흙의 미네랄과 영양을 미세하게 분해해, 분자 크기가 큰 동물성 콜라겐보다 더 높은 흡수율을 보입니다. 땅속 깊은 곳에서 나오는 탄력의 에너지를 피부에 공급할 수 있는 최적의 방법이에요.

성분에 이어 화장품의 질감 또한 구매 결정에 큰 영향을 미치는 특징이다. 샘플을 직접 경험해 볼 수 없는 온라인 소비자를 위해 이미지로 표현할 수 있는 몇 가지 키워드와 표현 방법을 소개한다.

- **끈적임 및 흡수력:** 제품을 바른 피부에 종이 조각을 찍어 얼마나 달라붙는지 보여주는 GIF나 영상을 활용할 수 있다. 또는 바른 부위를 손끝으로 문지르는 모습 만으로도 '잘 흡수된다'는 메시지를 전할 수 있다.

- **제형 및 발림성:** 앰플이나 미스트 제품이라면 얼굴, 손등, 또는 경사진 아크릴판 위에 제품을 떨어뜨리고, 흘러내리는 장면을 담아보자. 꾸덕한 제형의 팩, 크림 등은 스패출러로 제품을 떠서 질감을 보여주면 효과적이다.

- **세정력:** 손등이나 팔에 아이라이너 등으로 선을 그은 후, 얼마나 빠르게 지워지는지 보여주는 GIF가 흔히 사용된다. 세안 전-후의 노폐물 잔여량을 비교하는 실험 사진을 활용할 수도 있다.

- **지속력:** 세정력과 반대로 화장품을 사용한 후, 문지르고 물을 뿌려도 지워지지 않음을 보여준다. 화장 후 12시간 일상생활을 하는 모습, 귀가했을 때의 피부 상태를 보여주는 광고 콘텐츠로도 연출해 볼 수 있다.

- **향:** 라벤더, 레몬, 재스민 등 향과 직접 관련 있는 재료의 사진을 활용해도 좋지만, 향이 만들어 주는 '분위기'를 이미지로 보여주면 더 효과적이다. 시중에 코튼 향 제품들이 '목화' 사진이 아니라 깨끗한 이불 사진, 맑은 하늘 아래 하얀 린넨이 널려 있는 사진, 빨래 바구니에 쌓인 셔츠 사진을 활용해 향을 소개하는 것을 떠올리면 쉽다.

카테고리별 콘텐츠 제작 팁 2
: 식품

예쁘게 차려진 식탁의 모습, 쉐프가 내놓은 듯한 요리 사진은 아름답다. 하지만 소비자들은 이미 연출된 사진처럼 매일 우리의 식탁이 아름다울 수 없다는 것을 너무나 잘 알고 있다. 아무리 잡지의 한 장면 같은 푸드 화보를 본다 한들, 같은 결과물을 기대하며 밀키트나 식재료를 주문하지 않는다. 그런데 맛있어 보이는 음식은 다르다. 순두부찌개의 진한 빨간 국물이 보글보글 끓고 있는 이미지, 흰 쌀밥 위에 얹어진 알이 꽉 찬 간장게장의 클로즈업 사진은 소비자를 한껏 기대하게 만든다. 침이 절로 고이는 음식 사진을 만난 소비자는 클릭 한 번으로 나 또한 황홀한 맛의 경험을 할 수 있을 것이라 굳게 믿게 된다.

식품의 상세페이지가 가장 기본적으로 공략해야 할 심리는 '먹는 경험'에 대한 욕망이다. '맛'에 대한 경험을 실감나게 어필하고, '나도 먹어보고 싶다'는 반응을 이끌어 내는 것이 중요하다.

클로즈업 사진은 보는 사람으로 하여금 음식이 입술과 혀를 만나는 그 순간을 생생하게 상상해 볼 수 있게 한다. 포크로 살짝 눌렀을 때 육즙이 흘러나오는 한우 바베큐의 단면을 담거나, 버터의 윤기가 좌르르 흐르는 탱글한 새우의 표면, 꿀처럼 뚝뚝 떨어지는 물복숭아의 과즙을 가까이서 담고, 당장 먹고 싶다는 생각을 하지 않고는 못

배기도록 만들어보자.

생동감 넘치는 GIF를 활용하면 제품을 통해 느낄 수 있는 '오감의 경험'을 모두 자극할 수 있다. 포슬포슬한 카스테라를 반으로 가르는 모습, 쫀득한 식감이 느껴지는 떡을 손으로 가볍게 눌러보이는 모습, 맛깔나게 비빈 마제소바를 젓가락으로 떠 올리는 모습을 담은 GIF도 좋다. 요리 과정을 다양한 앵글로 촬영해 두면, 상세페이지에 사용할 수 있는 다양한 씬scene 확보가 가능하다. 스튜디오 촬영이 어려운 상황이라면 스마트폰 카메라를 사용해서라도 조리 과정부터 완성된 요리에서 모락모락 김이 나는 모습까지 다양한 GIF를 촬영해 두는 것을 추천한다. 실제로 밀키트 제품 광고 소재의 효율을 보면, 스튜디오에서 플레이팅 후 촬영한 사진보다는 약간 투박하더라도 맛집에 실제로 가서 먹는 것 같은 생생함을 담은 GIF의 클릭 수가 더 높다. 물론, 음식인 만큼 청결한 모습은 신뢰도 형성에 중요하다. 눈살을 찌푸리게 할 정도로 저화질이거나, 지저분한 주방이 배경으로 찍혀 있거나, 비율이 깨져 콘텐츠의 질 자체가 떨어져 보이지 않는 선에서 직접 촬영한 콘텐츠를 적극 활용해 보기를 바란다.

정직함, 깨끗함, 신선함, 건강을 강조하고 싶다면 식품 제작에 사용된 재료와 원물 사진을 활용하면 효과적이다. 제품의 맛에 대한 묘사를 위해서도 원물 사진이 늘 사용된다. 두유 제품의 연출 사진에 늘 콩이 함께 있고, 신선함과는 거리가 다소 멀 것만 같은 과자,

프링글스의 원통 패키징에 슬라이스된 싱싱한 토마토 사진이 등장하는 이유이다.

재료나 공정에 대한 자부심이 있다면 평소에 제작 과정을 직접 사진으로 담아두는 것을 추천한다. 만약 사과칩을 판매한다면 농장에 직접 방문해 사과를 선별하는 모습, 엄선한 사과를 깨끗하게 세척하는 모습, 저온 건조 시설에서 서서히 수분이 제거되어 사과칩이 되는 모습을 상세페이지에 활용하는 것이다. 여기에 사과가 얼마나 깨끗하게 정직한 농부에게서 길러지는지, 약품 처리 없이 자연풍으로 건조하는 데에 얼마나 많은 시간이 소요되는지 등을 함께 녹여주면 더욱 진정성 있는 상세페이지가 될 수 있다.

단, 음식에 들어가지 않는 재료를 콘텐츠에 넣거나, 연출 소품으로 사용하는 것은 피해야 한다. 푸드 스타일링을 위해 꼭 사용해야만 한다면, '위 사진은 연출이며 실제 제품에는 XXX가 포함되지 않습니다'와 같은 안내 문구를 하단에 표시하는 것이 좋다. 연출된 재료가 실제 제품에 들어가지 않아 허위 광고라는 오명을 쓰고 제품을 환불해 주거나, 알레르기를 유발하는 재료가 잘못 배치되어 오해를 사는 경우도 있으니 주의하자.

밀봉되어 있는 가공식품이라면 내용물을 미리 볼 수 있는 사진이 필요하다. 브랜딩이나 시각 디자인에 많은 고민을 담은 브랜드일수록 로고가 보이는 제품 패키지 사진으로 상세페이지를 채우는 경향이 있다. 디자인이 톡톡 튈수록 사진이 잘 찍혔다는 인상을 주기는 하지만, 소비자에게 가장 중요한 건 결국 입속으로 들어갈 내용물이다. 내용물에 대한 정보를 전혀 알 수 없다면, 제품을 이해하고 공감하는 데 한계가 생기게 된다. 가루, 캡슐, 캔디, 액상 등의 형태로 제작되어 내용물이 특별해 보이지 않을 수 있어도 이를 미리 보여주는 일을 잊지 말자.

밀키트 제품도 내용물의 상세한 사진이 필요하다. 신선한 재료와 높은 요리 완성도를 강조한 나머지, 소비자가 실제 받게 될 키트 속 내용물이 어떤지 알려주는 것을 잊는 경우가 있다. 분명 밀키트 제작에 들어가는 생고기, 야채 등을 푸짐하게 쌓아 놓은 사진을 보고 신선한 재료를 기대하며 밀키트를 주문했는데, 건조 가공처리되어 비닐에 소량 들어있는 토핑 플레이크를 보면 실망스러운 마음이 들기 마련이다. 밀키트 내용물과 포장 상태를 미리 알려준다면, 연출된 사진과 실제의 괴리감을 좁히고 불필요한 실망감을 예방할 수 있다.

맛이나 신선한 재료로 어필하기 어려운 식품들도 있다. 건강기능식품이 대표적이다. **개발 의도부터 영양과 기능성에 초점이 맞춰진 건강식품은 대개 영양과 기능성을 중심으로 콘텐츠가 제작된다.**

하지만 기능성의 시각에서 식품 상세페이지를 작성하는 일은 여간 까다로운 게 아니다. 남들 다 쓰는 말이라 나도 썼는데 광고 심의에 걸리는 상황이 늘 생긴다. 게다가 건강기능식품으로 등록되어 있다면 사용된 성분에 따라 표현의 범위가 정해져 있으니 한정적인 범위에서만 이야기할 수 있고, 남들과 다른 표현을 하기가 쉽지 않다. 유독 건강기능식품의 광고에 유명 연예인이 많이 등장하는 것은 한정된 범위에서 임팩트를 만들어내기 위한 브랜드들의 노력이다.

불행 중 다행으로, 요즘은 몸에 좋은 음식은 맛 없어도 약처럼 먹는다는 인식이 있다. 건강을 위해 먹더라도 이왕이면 더 맛있게, 더 즐겁게 먹을 수 있는 제품을 선택하는 사람들이 많아졌다. 소비자들의 변화된 취향에 맞춰 맛, 캡슐의 사이즈, 가루의 녹는 속도, 보관 방법, 식감 등을 세심하게 고민하여 출시되는 제품도 늘어나고 있다. 미식의 경험까지는 아니더라도 맛, 식감, 섭취법 등의 먹는 경험에 대한 차별점을 콘텐츠에 활용해 보자. 제작 과정에서 먹는 경험의 개선을 위해 노력한 부분이 있다면 구구절절 콘텐츠에 풀어 보는 것도 좋다. 비슷한 영양성분의 두 제품이 있다면, 소비자들은 더 맛있고 즐겁게 먹을 수 있는 제품을 구매하려 할 것이다.

이마저도 어렵다면 먹는 경험을 일상의 경험으로 확장하여 제안할 수 있다. 예를 들어 '장 건강에 좋은 유산균'이라는 문구를 '8시간 앉아서 일하는 직장인 여성을 위한 유산균'으로 바꿔, 오래 앉아 있는 여성에게 직접적으로 제품을 추천하는 것이다. 제품의 기능인

너, 내 소비자가 돼라

'장 건강'을 강조하기보다 운동할 시간이 없는 바쁜 직장인 여성들의 일상을 개선해 줄 수 있는 제품으로 제시하면 된다. 그러면 비슷비슷한 유산균 제품 사이에서 내 제품을 특별하게 보이도록 만들 수 있다.

또 하나의 방법은 브랜드와 판매자를 건강기능식품의 전문가로 포지셔닝하는 것이다. 만든 사람에 대한 이야기, 제작 과정이나 계기, 연구 기간 등을 적극 활용해 보자. 꼭 식품 연구원이나 영양사 출신이 아니더라도, 유산균 캡슐 한 알을 위해 국내 제조업체 47곳과 미팅을 하고, 논문 350건을 공부했으며, 대기업 직장까지 때려치고 꼬박 5년 동안 개발에 몰두해서 만들었다는 이야기는 궁금증을 자극하기에 충분하다. 판매자의 전문성이 단순한 허풍이 아니라는 것을 증명할 수 있는 자료들을 함께 활용하면 더 큰 시너지를 낼 수 있다. 제조 업체 사장님과 회의하는 모습, 샘플 테스트를 했던 사진과 자료 등 그 어떤 것이라도 진정성을 더해줄 수 있다면 적극 활용하는 것이 좋다.

카테고리별 콘텐츠 제작 팁 3
: 리빙·디자인 제품

가구, 인테리어 소품, 주방용품, 침구류, 공예품, 예술 작품까지 다양한 제품군을 아우르는 '리빙' 카테고리는 주로 집과 같은 실내 공간에서 만날 수 있는 제품을 말한다. **리빙 제품의 구매 욕구를 움직이는 두 축은 '필요성'과 '소장 욕구'이다.** 이를 이해하고 공략하면 더 효과적인 콘텐츠를 만들 수 있다.

필요성과 소장 욕구는 언뜻 보면 비슷한 것 같지만, 사실 서로의 양극단에 있다. 물건의 쓰임새 때문에 필요하다고 느끼면 소장 가치가 크지 않아도 구매하게 되는데, 이는 이성적 측면의 결정이다. 반대로 전혀 필요하지 않은 물건에 소장 욕구를 강하게 느껴 과감하게 지갑을 열게 되는 것은 감성의 영향이 크다.

우리는 앞서 필요와 욕구, 이성과 감성이 구매 결정을 만드는 두 축인 것을 살펴보았다. 리빙 제품의 콘텐츠에서는 이 두 중심축 중 하나를 골라 집중적으로 공략하는 것이 좋다. 예를 들어 다양한 각도로 조절할 수 있는 기능이 주요 장점인 청소기 제품을 판매한다면 제품의 컬러나 디자인을 강조하는 것보다 자유자재로 돌아가는 청소기 헤드, 좁은 틈 구석까지 먼지가 빨려 들어가는 유용함 등을 강조하는 것이 유리할 것이다. 귀여운 강아지 캐릭터 바디필로우를 판매한다면 바디필로우의 기능이나 사용 효과를 중점으로 소개하는 것보다는 당장 집으로 데려가고 싶게 만드는 강아지의 귀여운 표정을 적극 어필하는 것이 도움이 된다.

대부분의 브랜드가 제품을 제작할 때 이 두 가지를 모두 충족시키기 위해 많은 고민과 노력의 시간이 있었을 것이다. 그래서 필요성과 소장 욕구 중 하나를 골라 중심으로 삼는 일이 어렵게 다가올 것임을 안다. 그러나 중심축을 고른다고 해서, 고르지 않은 다른 하나를 포기해야 하는 것은 아니다. 내 제품의 타깃 페르소나가 후킹될 수 있는 가장 핵심적인 특징을 찾고, 소비자의 마음을 '필요한데 예쁘기까지한 제품' 또는 '예쁜데 유용하기까지 한 제품'처럼 순차적으로 장악하는 것이 핵심이다. 각도 조절이 가능한 청소기가 필요할 것 같아 스크롤을 조금 더 내려봤더니, 모던한 디자인까지 갖춰져 있다면 소비자의 구매 욕구는 더 올라갈 것이다. 바디필로우의 강아지 캐릭터가 너무 귀여워서 상세페이지를 계속 읽어보았는데, 인체공학적인 디자인을 갖추고 있어 휴식 시 자세에 도움을 주는 기능까지 갖추고 있어도 마찬가지이다.

필요성과 소장 욕구를 모두 강조하고 싶다고 무리하게 많은 메시지를 담게 되면, 발견형 소비자를 끌어들일 수 있는 힘이 약해진다. 필요하면서 동시에 소장하고 싶은 마음을 동시에 만들어내는 것은 어려운 일이다. Part 1에서 소개했던 것처럼 전달하고자 하는 메시지가 너무 많으면 결국 아무것도 머릿속에 남지 않는다.

이미 갖고 있는 물건이 해소해 주지 못하는 새로운 기능을 제공하는 제품을 선보인다면, 기능의 필요에 대한 공감대를 형성하는 콘텐츠로 상세페이지를 시작해 보자. 제품의 디자인적 매력을 뽐내는 화보 같은 제품 사진보다는 제품이 어떤 경험을 선사하는지 생생하게 보여주는 이미지 또는 GIF를 추천한다.

계란 정리 수납함이 없을 때와 있을 때 냉장고의 정리된 모습을 적나라하게 비교하며 수납함이 없을 때 얼마나 많은 계란이 버려질지 보여주고, 강력한 파워로 딱딱한 호두껍질까지 갈아버리는 믹서기의 파워를 보여주자. 제품을 설치하고 작동시키는 과정을 처음부터 끝까지 다 담을 필요는 없다. 콘텐츠를 보는 순간 어떤 기능을 하는지, 그래서 소비자의 일상이 어떻게 편해질 수 있는지 전달하는 것이 중요하다.

같은 돈을 내고, 더 낮은 품질의 제품을 사고 싶은 사람은 아마 없을 것이다. 소비자가 필요에 의해 '이불'이라는 제품을 탐색하기 시작했다면, 예산이 허락하는 선에서 이왕이면 가장 좋은 원단, 충전재에 사용된 소재, 가장 꼼꼼한 봉제 방식으로 제작된 제품을 선택하고 싶을 것이다. 품질은 같은 기능을 하는 제품들 중 내 제품을 선택하게 만드는 힘이 되어준다.

시중 유사 제품 대비 고가일수록 소재에 대한 설명은 필수적이다. 단순히 '프리미엄 ○○소재 사용'이라고 상세페이지에 한 줄을 넣는 것보다, 앞서 소개한 'what-why-how'의 3단 구조를 따라 소비자를 소재의 세계로 끌어들이는 것이 효과적이다. 이 소재가 무엇이며 다른 소재에 비해 어떤 강점이 있는지, 내 브랜드에서 선택한 이유는 무엇인지 들려주자. 제품의 마감처리, 프린팅된 디자인, 균일한 품질, 단추나 부자재의 퀄리티 등의 요소들을 클로즈업 사진으로 담고 얼마나 엄격하게 품질을 유지하는지 강조해 보자.

제작 과정을 보여준다는 것은 제품의 퀄리티를 증명하는 근거를 제시함과 동시에 희소성을 강조하는 수단이 될 수 있다. 특히 작가의 손을 직접 거쳐 완성되는 공예품이나 핸드메이드 제품이라면 제작자의 손이 등장하는 작업 사진이나 제작 과정에 대한 소개를 콘텐츠에 녹이면 도움이 된다. 제품의 기능적 측면보다는 소장 욕구를 자극해야 하는 제품일수록 만든 사람의 취향과 철학, 작업 방식에 대한 설명이 필요하다. 기능이 아닌 희소성에서 제품의 가치가 나오기 때문이다.

직접 그린 캐릭터로 제품을 제작하거나 독보적인 세계관으로 작품 활동을 하는 작가, 인기 브랜드의 IP 상품[7]을 만드는 브랜드라면 '취향 저격'에 전력을 다해야 한다. 상세페이지에서 가장 먼저 할 일은 사랑스러운 캐릭터나 팬들에게 익숙한 로고를 적극 노출하는 일이다.

---

7 IP는 지적재산권을 뜻하는 Intellectual property의 약자로, 캐릭터나 인물, 게임, 상표 등 기업이 가진 고유의 라이선스를 더한 제품을 말한다. 국내에서는 굿즈 또는 라이선스 제품이라는 이름으로 더 많이 불리고 있다.

제품에 캐릭터나 IP가 붙는 순간, 취향을 저격해야 하는 내 제품의 셀링 포인트와 핵심 타깃이 달라진다. 보통의 다이어리를 판매할 때는 다이어리의 내용 구성, 사이즈 등이 타깃을 결정하는 주요 포인트라면, 잔망루피 다이어리를 판매할 때는 1순위로 잔망루피 캐릭터의 팬을 타깃하게 된다. 타깃이 바뀐 만큼, 상세페이지에서 가장 먼저 강조해야 하는 내용도 바뀐다. 팬들의 취향을 저격할 수 있는 캐릭터를 먼저 노출한 후, 제품 소개를 이어가는 흐름이 필요해진다. 캐릭터가 유명하지 않더라도 마찬가지다. 제품의 잠재 소비자는 캐릭터의 매력에 빠져 열광해 줄 예비 팬들이다.

상세페이지의 전체적인 디자인을 '굿즈'처럼 만드는 것도 좋다. 해당 IP가 가지고 있는 키 컬러나 폰트 등을 활용해, 콘텐츠와 제품에 세계관이 그대로 담겨있음을 직관적으로 느낄 수 있게 제작하면 효과적이다. 정식으로 라이선스를 받아 제작하는 제품이라면 '라이선스 제품'이라는 명칭을 적극 언급해도 좋다. 찐팬들은 '정품'에 반응하기 때문이다.

캐릭터가 직접 발화하는 것처럼 상세페이지 속 카피를 작성하거나, 제품을 '우리 집에 데려오고 싶도록' 만들면 캐릭터의 팬이 아니었던 사람들도 스토리를 통해 자연스럽게 콘텐츠로 끌어당길 수 있다. '블루투스 스피커: 라이언 에디션' 이라는 문구는 평범하다. 반면 '노래하는 라이언: 블루투스 스피커'라는 문구는 어딘가 귀엽기도 하고, 눈에 더 잘 들어온다. 캐릭터의 세계관을 제품까지 연결해 제품에 생명력을 불어넣으면, 딱딱했던 콘텐츠 속 문구를 흥미로운 스토리로 바꿀 수 있다. 라이언이라는 주인공과 '노래하는'이라는 동사가 만나 하나의 스토리가 되고, 소비자는 제품에 더 큰 친근감과 애정을 쌓을 수 있다. 단순히 캐릭터가 인쇄된 제품으로 끝나지 않고, 캐릭터와 제품이 시너지를 내는 것이다.

before	after
액체 밀착 흡입 기능 라이언 로봇 청소기	실수로 쏟은 커피도 라이언이 알아서 쓱싹 청소
영국 패딩턴 베어 단독 수입	런던에서 온 패딩턴이 새 룸메이트를 찾고 있어요
보관 주의 사항	이런 곳을 싫어해요!

카테고리별 콘텐츠 제작 팁 4
: 패션

소위 잘 나가는 브랜드의 쇼핑몰에 들어가보면 스타일리시한 모델 사진, 제품사진 몇 컷으로 구성된 상세페이지를 만나게 된다. 글 하나 없이 화보집처럼 구성되어 있는 경우도 많다. 이런 사례를 접하다 보면, 제품을 고급스럽게 포지셔닝하기 위해 구구절절한 설명 없는 다소 시크하고 간단한 상세페이지가 필요하다는 오해에 빠지게 된다.

제품의 디자인이 매우 독특해서 사진 한 장만으로도 세간의 이목이 집중되는 제품이 아닌 이상, 심플한 상세페이지는 브랜드의 이름만으로 보장된 품질과 가치가 이미 존재하는 경우에만 효과적인 전략이다. 패션계 스몰 브랜드라면 높은 확률로 ①디자이너 출신의 대표가 직접 론칭했거나 ②기능성 원단, 유기농 원단, 업사이클링 등 시중에서 보기 어려운 특별한 소재로 제품을 만드는 브랜드이거나 ③오랜 기간 제조업에 종사하던 대표가 이름을 건 브랜드를 만든 케이스일 것이다. 아직 로고만으로 지갑이 열리는 브랜드가 아니라는 것을 인정하고 조금은 구구절절하게, 상세하게 제품을 소개해야 한다. 고급스러운 브랜딩이 필요하다면 상세페이지의 정보를 줄이는 것보다, Part 2의 '단 한 사람만을 위한 공간'을 따라 상세페이지 속 문구의 보이스 톤, 색상, 폰트의 종류 등 디자인 톤앤매너를 맞춰 분위기를 전달해 보는 것을 추천한다.

착용한 모습이 중요한 의류 제품은 모델 촬영이 필수이다. 브랜드 대표나 직원이 모델로 직접 나서는 경우도 있지만, 대부분의 경우는 외부에서 전문 모델을 섭외해 촬영을 진행한다. 화보 촬영을 위해 모델 에이전시에 의뢰하면, 여러 모델 후보자의 프로필이 담긴 파일을 받게 된다. 모델 선정이 처음일수록 예쁜 외모를 가진 모델이나 외국인을 선택하는 경향이 있는데, 이는 효과적인 모델 선정 방법이 아니다. 모델을 선정할 때는 얼마나 예쁘고 잘 생겼는지, 얼마나 유명한지 살펴볼 것이 아니라 내 제품을 구매할 타깃 페르소나와 얼마나 닮아 있는지를 살펴봐야 한다. 즉, 내 제품을 구매할 사람과 닮아있거나, 내 타깃 고객들이 동경할 만한 사람으로 선정해야 한다. '옷 잘 입는 1020 남성'이 주요 타깃이라면, 금발의 외국인 모델보다는 주변에 있을 법한 '옷 잘 입는 형' 스타일의 모델이 효과적이다. 이들이 평소 부러워하고, 따라하고 싶은 대상과 더 닮아 있기 때문이다.

모델의 연출 사진 못지않게 중요한 콘텐츠는 제품의 구석구석을 꼼꼼하게 보여주는 사진들이다. 리빙 제품과 마찬가지로 소재, 부자재, 마감처리를 볼 수 있는 클로즈업 사진은 필수이다. 의류나 잡화를 구매할 때 꼭 확인해 보는 부분을 온라인 공간에서도 확인할 수 있도록 만들어 주어야 한다. 끼임 없이 부드럽게 움직이는 지퍼가 특징이라면, 지퍼를 올리고 내리는 모습을 담은 GIF, 또는 지퍼의 체인 부분을 클로즈업해 담은 사진을 소비자에게 보여주자. 제작할 때 특별히 신경써서 선택했던 봉제 방식이나 부자재가 있다면, 이 역시 'what-why-how' 3단 설명법을 활용해 조금 더 깊게 소개하는 것이 좋다.

사용감이 중요한 가방과 같은 제품이라면 수납력이나 용량을 보여주기 위해, 여러가지 물건을 넣어 얼마나 들어가는지 보여줄 수 있다. 실제 많은 가방 브랜드에서 13인치 노트북이 가방에 쏙 들어가는 연출로 제품의 사이즈를 보여주고 있는데, 이를 응용하면 제품의 수납을 효과적으로 강조할 수 있다. 한 맥주 브랜드의 굿즈로 나왔던 피크닉백은 용량을 보여주기 위해 맥주캔 30개를 가방에 넣고 사진을 촬영했다. 여행용 캐리어의 상세페이지에서는 1박 2일, 3박 4일 등 여행 기간에 따라 필요한 짐을 보여주고 가방에 넣는 장면을 연출해 캐리어의 용량을 어필했다.

실물과 가까운 모습을 담은 이미지도 반드시 필요하다. 의류와 잡화만큼 소비자들이 제품의 실제 색상에 민감한 제품은 없을 것이다. 주홍빛이 도는 코랄 색상의 가디건 모델 착용 사진을 보고 샀는데, 톤 다운된 베이지 색상의 가디건이 도착했다면 어떨까. 내가 원하는 스타일도, 내 피부와 어울리는 색상도 아니라는 생각에 환불 버튼을 빠르게 찾게 될 것이다.

제품의 색상은 빛과 보정, 모니터의 해상도에 따라 조금씩 달라진다. 특히 화보같은 분위기 연출을 위해 촬영장의 조명과 후보정으로 색감을 조정하는 경우가 많은데, 이 과정에서 제품의 실제 색과 다른 결과물이 나오게 될 수 있다. 상세페이지에 사용된 사진 중 최소 1~2장은 실물과 가장 가깝게 촬영된 사진을 사용하고, 사진 하단에 '제품의 실물과 가장 가깝게 촬영된 사진입니다'라는 문구를 한 줄 달아 보자. 연출 컷 분위기에 매력을 느낀 소비자들이 정확한 제품 정보를 인지할 수 있도록 안내하고, 색깔 차이로 인한 환불 가능성을 최소한으로 줄일 수 있다.

13 무한 경쟁 시대에 스몰 브랜드로 살아남기

스몰 브랜드의 기획안 준비법

상세페이지를 제작하기 위해 가장 먼저 해야 하는 일은 무엇일까? 아마 많은 사람들이 제품 사진 촬영이나 포토샵을 켜고 디자인을 시작하는 모습을 떠올릴 것이다. 많은 스몰 브랜드 대표님들이 온라인 마케팅 교육을 듣고는 사무실로 돌아와 '우리는 디자이너가 없는데 어쩌나' 하는 어려움을 토로하는 이유도 여기에 있다.

상세페이지를 만들기로 했다면 가장 먼저 해야 할 일은 바로 '기획안 작성'이다. 멋진 그림을 그리기 위해서는 밑그림이 필요한 것처럼, 상세페이지 제작에도 기획은 필수이다. 보고할 상사도 없는데 번거롭게 기획안을 꼭 따로 써야 하나 싶었다면, 기획안에 대한 선입견을 버리고 열린 마음으로 이번 챕터를 따라오기 바란다. 우리가 준비할 기획안은 각 잡고 준비하는 PPT 자료가 아니라, 일종의 계획표이다. 나만 잘 알아보고 이해할 수 있으면 형식은 중요하지 않다. 반드시 컴퓨터로 보기 좋은 문서를 만들어야 하는 것도 아니다. 종이와 연필로 브레인스토밍 하듯 그려도 좋다. 우리가 기획하는 이유는 보고가 아니라 나의 계획과 실천에 있으니까.

상세페이지를 기획하는 순서와 방법에는 여러 가지가 존재하겠지만, 이 책에서 소개할 방법은 필자가 콘텐츠 디렉터로서 실제로 사용하는 방법이자, 아직은 마케팅 전문가가 아닌 스몰 브랜드들도 쉽게 따라할 수 있는 기획법이다. 각자의 상황에 따라 단계를 간소화하거나, 다른 방법으로 응용해도 좋다.

한 페이지 기획안을 작성하라

가장 먼저 제품의 타깃과 셀링 포인트를 분석하며 한 페이지 기획안을 준비하는 것으로 상세페이지 제작의 여정이 시작된다. 본격적으로 상세페이지가 어떤 모습을 할지 그려보기 전에 내 제품의 셀링 포인트와 특정 목표 고객, 핵심 메시지를 한 페이지에 정리하는 것이다. Part 1에서 소개했던 것처럼 누구에게 무엇을 팔 것인지 고민하며 상세페이지에 들어갈 내용과 소재를 고르는 과정이다.

상세페이지를 준비하다 보면 제작자, 판매자 입장에서 하고 싶은 말이 자연스레 많아진다. 자식 같은 제품을 세상에 내놓으며 이야기하고 싶은 것도 자랑하고 싶은 것도 많기 때문이다. 사람들이 내가 들인 노력을 모두 알아주었으면 하는 마음에 강조하고 싶은 특징이 많아지고, 나도 모르게 목표 고객도 점점 늘어난다. 하지만 이렇게 거침없이 달리다 보면 발견형 소비자에게 맞춰 두었던 초점이 점점 흐려지고, 결국 과녁을 제대로 보지 않은 채 허공에 화살을 날리는 실수를 하게 된다. 내가 말을 걸어야 하는 핵심 소비자는 온데간데없이 사라지고, 사람들이 어려워할 단어들만 열심히 외치는 꼴이다.

이럴 때 한 페이지 기획안은 내 초점이 흐려지지 않는지 점검하고 조율하는 깃발이 되어줄 수 있다. 어떤 문장을 제일 강조해서 보여줘야 할지 감이 잡히지 않을 때마다, 판매 전략과 목표 고객을 잘 정리해 놓은 기획안을 통해 '내가 누구에게 말을 걸고 있는지' 상기할 수 있다.

한 페이지 기획안을 완성했다면 다음으로는 콘텐츠 기획안을 만든다. '오프닝-본론-클로징' 순으로 상세페이지의 아웃라인을 잡는 것이다. 엄선된 내용을 상세페이지에 어떤 순서로 어떻게 배치할지 전체적으로 목차를 계획하는 과정이다. 구체적으로는 구성 요소를 어떻게 배치할지, 헤드 카피에는 어떤 키워드를 넣을지 또는 어디에 어떤 이미지를 넣을지 등을 정리하며 일종의 콘티를 짜는 것이다.

한 페이지 기획안 작성하기

Step 1. 브레인 스토밍

아래 질문에 대답하듯 내 제품과 타깃 고객에 대한 내용을 적어보자.
A4용지나 노트에 편하게 메모해도 좋다.

- 내 제품은 어떤 특징을 가지고 있을까?
- 이 특징이 가져다 주는 경험은 어떤 것들이 있을까?
- 다른 제품이 아닌 내 제품을 사야 하는 이유는 무엇일까?
- 시중의 비슷한 제품에는 없는, 내 제품만의 차별점은 무엇일까?
- 제작 과정이나 소재에 있어서 특별한 점은 무엇일까?
- 어떤 사람들이 내 제품을 좋아하고, 유용하게 잘 사용할까?

Step 2. 한 페이지로 정리하기

문항에 대한 답변이 끝나면, 종이 한 장에 내 제품을 요약해 담아본다는
생각으로 정리한다.

- 제품명 또는 제품 별명
- 제품의 핵심 특징, 셀링 포인트 (최대 다섯 가지)
- 제품의 기본 특징
- 타깃 고객 (주요 타깃 · 보조 타깃)
- 핵심 메시지, 핵심 키워드
- 상세페이지의 컨셉, 분위기를 단어와 키워드로 표현한다면

가장 먼저 오프닝-본론-클로징 세 파트의 제목을 써놓고, 각 구간에 어떤 내용을 담을지 목차를 나열해 보는 것을 추천한다. 목차를 정할 때는 자세한 헤드카피나 텍스트를 떠올리기보다는 어떤 구간에 무슨 내용이 들어가야 하는지를 블록처럼 정해본다.

큼직한 흐름이 잡혔다면, 각 내용에 맞는 카피나 키워드를 함께 준비한다. 마찬가지로 모든 텍스트를 지금 단계에서 정확하게 작성할 필요는 없다. 상세페이지에 들어가는 텍스트는 디자인 단계를 거치며 변경되기도, 생략되기도 하기 때문이다. 대신 특정 구간에 꼭 들어가야 하는 키워드가 무엇인지, 언급되어야 하는 내용이 무엇일지 미리 생각해 두자. 브레인스토밍 중 떠올랐던 좋은 카피나 대략적인 카피를 미리 작성해 놓으면 내가 만들게 될 상세페이지가 대략 어떤 모습을 하게 될지 예상하는 데 도움이 된다.

마지막으로 내용에 따라 어떤 사진이 필요할지 표시한다. 준비하고 싶은 사진을 글로 풀어 써놓아도 좋고, 레퍼런스로 삼을 만한 이미지나 사진을 임시로 붙여넣어도 좋다. 외부 전문가에게 촬영을 의뢰하는 경우 '촬영 기획안'을 별도로 준비하기도 하는데, 이 내용은 다음 챕터에서 조금 더 다루도록 하겠다.

콘텐츠 기획이 끝났다면 이제 상세페이지 제작의 마지막 관문, 콘텐츠 디자인이 비로소 시작될 수 있다. 이 단계는 기획이라기보다

| 그림 28. 한 페이지 기획안 템플릿 |

제품명 / 제품 별명

핵심 메시지 : 상세페이지를 한 문장으로 요약한다면?

다른 제품이 아닌 내 제품을 구매해야 하는 이유는?	
내 제품의 특징은?	TOP 3 셀링포인트
• • • • •	1. 2. 3.
내 제품을 구매할 사람은?		내가 원하는 컨셉 / 분위기는?
핵심 타깃	보조 타깃	

너, 내 소비자가 돼라

는 기획의 다음 단계, 기획한 내용을 실제 콘텐츠로 만드는 단계이다. 사진 촬영, 포토샵과 일러스트와 같은 디자인 작업, 상세페이지에 들어갈 카피를 작성하는 작업이 이 단계에서 이루어진다.

여기서 포토그래퍼나 콘텐츠 디자이너 등, 내 기획안을 현실로 만들어줄 전문가들과 본격적인 협업이 시작된다. 이때 준비한 한 페이지 기획안, 콘텐츠 아웃라인 기획안이 결정적인 역할을 한다. 기획안이 있으면 내 머릿속에 들어있는 생각과 방향성을 함께 일하는 사람들의 머릿속에도 동기화해 심어줄 수 있다.

기획안이 탄탄하게 준비되어 있다면, 상세페이지 제작 과정에서의 협업이 효율적으로 원활하게 진행되기도 한다. 백 마디 말로 타깃 고객과 컨셉, 내가 원하는 상세페이지 구성을 설명하는 것보다, 잘 정리된 기획안을 보여주며 이야기하는 것이 더 효과적이기 때문이다. 디자이너에게 컨셉을 잘못 전달해서 원하지 않는 결과물을 받아볼 리스크를 줄일 수도 있다. 모두의 머릿속에 같은 그림이 그려졌을 때, 긴밀하게 연결된 팀과 각 담당자에게서 서로 잘 들어맞는 결과물이 나온다.

기획안을 작성하면 내 스스로도 정리가 되지만, 어느 과정에서 전문가의 도움이 필요할지도 파악할 수 있다. 혼자서 상세페이지를 준비하다 보면 혼자서는 해결하기 어려운 관문을 만나기 마련이다.

| 그림 29. 콘텐츠 아웃라인(기획안)1 |

오프닝	
내용 및 헤드 카피	필요한 이미지

너, 내 소비자가 돼라

| 그림 30. 콘텐츠 아웃라인(기획안)2 |

본론	
내용 및 헤드 카피	필요한 이미지
1.	
2.	
3.	
4.	
5.	
6.	

클로징
자주 묻는 질문: 꼭 안내해야 하는 정보:

사진 촬영 외주가 필요할 수도 있고, 포토샵을 잘 다루는 디자이너가 필요할 수도 있고, 눈에 쏙쏙 들어오는 좋은 카피와 텍스드를 써줄 콘텐츠 제작 전문가가 필요할 수도 있다. 이때 기획안을 통해 내가 어떤 부분을 의뢰하고, 어떤 부분을 스스로 작업할 수 있는지 파악할 수 있다. 기획안을 보며 디퓨저 제품의 제작 과정, 사용 방법에 사용될 사진은 직접 공방에서 촬영하고, 꽃과 연출한 메인 사진 2~3컷만 전문가에게 의뢰하면 되겠다는 결정을 내릴 수 있는 것이다.

특히 상세페이지 제작에는 한계가 없기 때문에 원하는 퀄리티나 콘텐츠에 따라 천문학적인 비용을 들일 수도 있다. 하지만 예산이 빵빵한 대기업 브랜드와는 달리, 상세페이지 하나에 큰 돈을 들이는 일은 스몰 브랜드에게는 부담스러운 도전이 되기 마련이다. 많은 스몰 브랜드들이 '내가 할 수 있는건 최대한 내가' 해내는 방법을 택하게 되는데, 비용을 최대한 절감하기 위해서는 외부 전문가가 꼭 필요한 단계를 파악해야 한다. 그리고 기획안을 작성하는 것만으로도 앞으로 어디에 어떤 비용과 시간을 들여야 하는지 알 수 있다.

기획은 곧 계획이다. 계획은 백지의 공포를 없애주고, 시간과 자원을 효율적으로 사용하게 도와준다. 명확한 계획이 없으면 언제 무엇을 해야 하는지 몰라 허둥대게 되고, 원하는 시간 안에 원하는 결과물을 만들지 못할 수도 있다. 특히 상세페이지처럼 긴 호흡의 콘텐츠를 제작할 때 계획을 잘 세워두지 않으면, 내가 꼭 해야 하는 말을 했는지 안 했는지 몰라 빼먹을 수도 있고, 처음에 생각했던 것과 다른 방향으로 흘러가 전혀 다른 결과물을 만들게 될 수도 있다.

촬영 의뢰 전 꼭 준비해야 하는
세 가지

카메라를 능숙하게 다룰 줄 아는 직원이 있지 않은 이상, 사진 촬영을 전문가에게 의뢰해야 하는 순간은 반드시 온다. 사진은 제품의 구매 결정에 영향을 주는 중요한 요소인데, 전문가와 비전문가의 결과물 차이가 직접적으로 드러나기 때문이다.

촬영 의뢰가 처음인 스몰 브랜드들은 대부분 막연하게 '전문가에게 의뢰했으니 알아서 잘 찍어 주겠지. 나는 아무것도 안 해도 돼'라는 생각으로 촬영장의 문을 두드린다. 그리고 머지않아 상세페이지에 쓸 만한 사진이 여전히 없다는 것을 깨닫고, 다시 한 번 큰 고민에 빠지게 된다.

생각보다 많은 브랜드들이 사진 촬영 직후, 추가 비용을 들여 촬영을 다시 의뢰하곤 한다. 상세페이지를 제작하려고 보니 쓸 사진이 별로 없다거나 내가 원했던 것과는 다른 결과물을 받았다는 이유로 어쩔 수 없이 비용과 시간을 추가로 소모하는 것이다. 제품 론칭일에도, 브랜드의 통장에도 썩 바람직한 상황은 아니다.

상세페이지 제작을 위해 기획안을 준비했던 것처럼, 촬영 전에도 준비가 필요하다. 같은 비용을 들여 더 알찬 결과물을 받고, 풍성한 콘텐츠로 상세페이지를 채우도록 돕는 준비법을 소개한다.

가장 먼저, 상세페이지 기획안을 훑어보며 오프닝, 본론의 문단, 클로징 각 단락에 어떤 사진을 넣을지 생각하며 쭉 써내려가 본다. 정해진 사진의 갯수는 없지만, 헤드 카피 아래 들어갈 이미지는 최소 1개 이상씩 준비하는 것이 좋다. 이때 목적 없이 '제품 사진'이라고 적기보다, 카피의 내용을 효과적으로 전달할 수 있는 사진의 내용을 구체적으로 적어야 한다.

예를 들어 접이식 휴대용 손 선풍기 상세페이지에 '반으로 톡 접어, 가방에 쏙'이라는 카피가 있다. 카피 하단에 들어갈 사진으로 '선풍기를 접어 백팩 앞주머니에 넣는 모습 - 손과 선풍기 클로즈업'이라는 촬영 계획을 작성한다. 이 계획을 들고 촬영 현장에 방문한다면, 원하는 연출을 정확하게 의뢰하고 상세페이지 속 카피와 시너지를 내는 이미지를 얻어갈 수 있게 된다. 만약 구체적인 계획 없이 촬영을 의뢰했다면, 모델이 손 선풍기를 들고 포즈를 취하는 모습만 담긴 결과물을 얻게 되었을 것이다.

대표 사진(썸네일)도 잊지 말고 계획에 추가해야 한다. 대표 사진은 대부분 가로형 또는 1:1 정방형의 사진을 필요로 하며, 제품의 매력에 한눈에 쏙 들어오는 연출이 필요하다. 미리 촬영 계획을 세워두지 않고 촬영을 마쳤다가, 나중에 대표 사진으로 쓸 만한 사진이 없다는 것을 깨닫고 뒤늦은 후회를 하지 않도록 미리 챙겨두는 것이 좋다.

상세페이지 기획안에 따라 촬영 콘텐츠를 파악할 때는 최대한 상세하고 구체적으로 정리하는 것이 중요하다. 전문가니까 '대충 알아 듣겠지'라는 생각으로 대충 작성하면, 내가 생각했던 것과는 다른 결과물이 돌아올 것이다. 내가 정확히 어떤 그림을 생각하고 있는지 최대한 구체적으로 적어야 한다. '모델이 향수병을 들고 있는 사진'이라고 하면, 향수병을 그냥 들고 있는지, 뿌리고 있는지, 뿌리고 있다면 목 옆에 뿌리는지 손목에 뿌리는지 알 수 없다. 사진에 담겨야 할 구체적인 씬scene, 장면과 등장인물, 움직임, 움직임의 방향 등을 상세히 묘사해야 의미있는 계획이 가능하다. 그리고 내가 원하는 자료가 사진인지, GIF(영상)인지도 미리 파악해야 한다. 줌인zoom-in해 확대되어 보이는 클로즈업 사진이 필요한지, 원거리에서 촬영된 사진이 필요한지, 탑뷰 항공샷인지 등 피사체인 제품의 구도나 촬영 각도를 미리 생각해 두면 좋다.

상세페이지 끝까지 필요한 이미지를 파악했다면 촬영 레퍼런스

reference 이미지를 수집한다. 레퍼런스 이미지는 내 상세페이지에 실제로 들어가는 이미지가 아닌, 촬영 과정에서 보고 참고할 수 있는 참고용 사진들을 말한다. 촬영장에 가서 '이 사진이랑 비슷하게 찍어주세요'라고 보여줄 예시 사진을 미리 모으는 과정이다. 인센스 스틱이 피어오르는 모습을 감각적으로 촬영하고 싶다면, 인센스, 촛불, 연기, 불꽃, 어둠, 명상 등 다양한 키워드를 검색해 레퍼런스를 모아보자. 미리 파악해둔 촬영 콘텐츠와 비슷한 느낌, 분위기, 구도, 제품 연출 등을 찾아 하나의 파일에 모아두면, 당장의 촬영뿐 아니라 추후 콘텐츠 제작에도 참고할 수 있다.

핀터레스트pinterest나 비핸스behance는 디자이너들이 레퍼런스 검색에 많이 사용하는 대표 사이트이며, 이 외에도 디자인이나 사진에 대한 영감을 찾을 수 있는 장소와 사이트는 온라인 오프라인을 막론하고 무궁무진하다. 살펴봐야 할 곳이 많아 감이 잡히지 않는다면, 인스타그램이나 경쟁사의 상세페이지 등 나에게 익숙한 매체에서 출발해 보는 것을 추천한다. 잘 팔리는 상세페이지에는 어떤 이미지가 사용되는지 알아볼 수 있고, 목표 고객들이 좋아하는 분위기와 이미지 유형을 파악하는 데 큰 도움이 된다. 단, 레퍼런스는 어디까지나 참고용으로, 처음부터 끝까지 똑같은 구도와 연출로 타사 상세페이지를 복제하는 수준이 되어서는 안 된다는 점을 꼭 명심하자. 온라인으로 레퍼런스를 수집할 때는 이미지를 가져온 사이트에 나중에도 방문할 수 있도록, 출처와 링크를 같이 저장하는 습관을 들여두면 유용하다. 레퍼런스를 아무리 찾아도 원하는 사진이 없다면 직접 만드는 것도 가능하다. 내가 원하는 내용과 구도로 촬영하고, 이 사진과 비슷한(하지만 더 나은) 사진 촬영을 의뢰할 수 있다.

상세페이지 흐름에 따라 필요한 장면과 레퍼런스가 준비 되었다면, 이제 촬영장에서 사용할 수 있는 '촬영 계획서'를 만들 수 있다. 촬영은 상세페이지 흐름에 따라 진행되지 않는다. 먼저 촬영하고 싶은 사진이 있다 해도, 내 마음대로 순서를 결정하는 일은 쉽지 않을 것이다. 촬영 현장에는 그곳만의 흐름이 있기 때문이다. 모델 컷을 촬영한 후 제품의 클로즈업 컷을 촬영하려면 조명, 렌즈, 배경지 등을 싹 바꿔야 한다. 야외에서 실내로 촬영장이 변경될 때, 앵글과 연출이 바뀔 때마다 촬영장의 세팅도 모두 바뀐다. 장비를 옮기고 세팅을 바꿀 때마다 전문가의 예상보다 섬세한 조율이, 그리고 상당한 시간이 소요될 수 있다. 촬영장의 흐름을 이해하지 못하고 무작정 기획안을 보며 촬영을 시작하면 어마어마한 비효율이 발생하게 된다. 필요한 모델 연출 컷을 모두 촬영했다고 생각하고 배경지를 치우고 모델도 먼저 퇴근시켜 주었는데, 기획안 마지막 장에 다시 새로운 모델 컷이 등장한다면 어떨까. 촬영 장비를 다시 세팅하고, 모델을 다시 부르는 시간을 생각하다 촬영을 포기하는 결정을 내리게 될지 모른다.

촬영 계획서는 상세페이지 기획안을 촬영장의 흐름에 맞게 재구성한 자료이다. 사진 컷마다 필요한 배경, 연출, 소품 등의 정보를 바탕으로 촬영 순서를 정하는 계획표라고 생각하면 쉽다. 촬영 계획서가 있으면 내가 원하는 사진과 사전에 수집해 둔 레퍼런스 이미지를 현장에서 편하게 살펴볼 수 있을 뿐 아니라, 촬영 시간을 효율적으로 사용할 수 있다. 촬영이 완료된 컷들을 체크하면서 누락 없이 모든 컷이 잘 촬영될 수 있게 점검하기도 수월하다.

촬영 계획서는 배경과 연출 종류에 따라 촬영할 사진을 구분하는 것으로 시작한다. 촬영을 희망하는 장소가 야외-실내로 나뉘어 있거나, 실내 스튜디오에서도 흰 배경, 색지 배경, 실내 공간이 연출된 배경 등 다양한 배경이 필요할 수 있다. 또는 촬영 연출에 모델이나 푸드 스타일링, 특정 소품의 연출이 필요하다면 연출에 따라 구분해 주어도 좋다.

배경과 연출에 따라 큼직한 구분이 되었다면, 앵글에 따라 세부적인 순서를 정한다. 제품이 카메라에 담기는 각도와 거리가 바뀌면 카메라의 렌즈나 조명, 촬영 구도가 바뀔 수 있다. 카메라 세팅을 계속 왔다 갔다하며 촬영하지 않도록, 한 번에 촬영할 수 있는 사진을 묶어 촬영 계획을 세워놓는 것이다. 내가 원하는 사진이 클로즈업인지, 바스트샷인지, 풀샷인지에 따라 순서를 정하고, 정면에서 바라본 사진인지, 높은 각도에서 촬영하는 하이앵글(항공샷)인지, 아래에서 위를 바라보는 로우앵글인지 구분해 두면 좋다. 가로형 사진이 필요한지, 세로형 사진이 필요한지도 미리 생각해 두면 이후 콘텐츠 디자인 과정에서 큰 도움이 된다. 촬영장에서 쓰이는 전문 용어가 어렵게 느껴진다면, 레퍼런스 이미지를 활용해 어떤 앵글을 원하는지 구체적으로 전달할 수 있으니 적극 활용해 보도록 하자.

사전에 계획한 촬영 콘텐츠를 분류해 전체적인 계획을 세웠다면, 사진별로 필요한 소품과 준비물을 기재한다. 전문가의 감각에 모든 것을 맡기고 싶은 마음은 충분히 이해하지만, 그렇다고 제품만 들고 스튜디오에 방문했다가는 아무런 소품 연출 없는 결과물만 가득 받아오게 될 수 있다. 소품을 쓰고 싶지만 어떤 사이즈가 좋을지, 어디서 구매해야 하는지 모르겠다면 일단 최대한 구체적으로 작성한 후 포토그래퍼 측에 문의해도 좋다. 많은 촬영 경험과 노하우를 바탕으로 한 조언을 얻을 수 있을 것이다. 단, 소품 구매까지 의뢰하게 된다면 추가 실비가 별도로 발생할 수 있으니 미리 꼼꼼히 소통하도록 하자.

제품 특징에 따라 GIF 또는 영상 촬영이 필요하다면 촬영 계획서에 반드시 표시한다. 영상에 촬영되었으면 하는 구체적인 내용과 연출, 움직임, 방향 등을 상세하게 계획해 둘수록 원하는 결과물을 얻어갈 확률도 높아진다.

최소한의 비용으로
최대 효과 만들기

　　　　　　　비용 때문에 촬영 의뢰에 부담을 느낀다면, 가장 먼저 할 일은 '반드시 전문가의 도움이 필요한 사진'을 선별해 내는 것이다. 촬영 콘텐츠를 파악하다 보면 전문가의 촬영이 꼭 필요한 사진과 고화질로 담기지 않아도 괜찮은 사진, 사진 대신 그림이나 일러스트로 대체할 수 있는 이미지를 파악할 수 있다. 예를 들어 실제 사용 모습을 보여주는 GIF나 크기를 비교하기 위해 촬영하는 사진처럼, 시각적인 매력을 어필하는 목적이 아니라면 전문가에게 의뢰하지 않아도 큰 문제가 되지 않는다.

　직접 준비할 수 있는 사진을 미리 구분해 놓으면 촬영을 의뢰할 때 컷 수나 촬영 시간을 단축하여 비용을 더 효율적으로 사용할 수 있다. 프리랜서 포토그래퍼들은 컷 수별로 촬영을 의뢰받기도 한다.

전문가에게 맡길 사진	분위기나 연출, 비주얼, 감성 자극이 필요한 사진
	조명이나 빛 연출이 필요한 사진
	누끼컷, 제품컷, 초고속 카메라로 찍는 연출 영상
직접 찍을 수 있는 사진	공감대 형성을 위한, 제품 사용 전의 불편함을 묘사한 사진
	스토리텔링을 위해 필요한 연출된 장면
	제품의 기능을 보여주기 위해 물을 뿌리고, 뾰족한 물건으로 긁어 보이는 GIF
	다양한 활용법, 보관법

너, 내 소비자가 돼라

소량의 사진 작업이 가능한 전문가를 찾아 꼭 필요한 대표 연출 사진 1~2컷만 의뢰하고, 나머지는 직접 촬영하는 방식으로 사진을 준비하면 효율적인 비용 지출이 가능할 것이다.

요즘 대부분의 스마트폰 카메라는 디지털 카메라를 능가하는 기능을 가지고 있어, 전문 장비가 없어도 얼마든지 고품질 사진을 담아낼 수 있다. 필요하다면 스튜디오를 대관하여 직접 촬영해도 좋다. 스타트업과 개인 판매자가 늘어나면서 비교적 저렴한 가격에 이용할 수 있는 렌탈 스튜디오도 많아졌고, 커머스 플랫폼이나 지역에서 판매자를 위해 무료로 운영하는 스튜디오도 있으니 적극 활용하는 것을 추천한다.

직접 준비하기도, 의뢰할 수도 없는 상황이라면 로열티 프리 '스톡 이미지'를 활용할 수 있다. 앞서 언급했던 서터스톡shutterstock이나 언스플래시unsplash와 같은 스톡 사진 사이트는 매번 산으로 들로 나가 고화질의 사진을 직접 촬영할 수 없는 스몰 브랜드에게는 보물

플랫폼에서 운영하는 무료 스튜디오	지역 · 공공기관에서 운영하는 무료 스튜디오
• 네이버 비즈니스스쿨 • 카페24 창업센터	• 브이커머스 스튜디오 • DK 스마트스튜디오 • 소담스퀘어 • 경기콘텐츠코리아랩

* 2023년 10월 기준.
* 플랫폼 입점 판매자만 사용할 수 있거나 특정 연령대의 창업자에게만 예약 기회가 주어지는 공간도 있으니 사전에 이용 가능 여부를 확인해 보아야 한다.

창고와도 같은 곳들이다. 직접 구하기 어려운 원물의 사진, 직접 방문할 수 없는 장소의 사진, 분위기 묘사를 위해 필요한 사진은 스톡 사진을 활용해도 좋다. 예를 들어 커피 그라인더의 상세페이지에 신선한 커피 콩의 사진을 넣고 싶거나, 향수의 분위기를 묘사하기 위해 들판에서 풀꽃들이 아른거리는 풍경 사진을 사용하고 싶을 때 스톡 사진을 활용하면 도움이 된다. 단, 스톡 사진이 상세페이지의 주인공이 될 정도로 제품보다 더 많이 등장하거나, 더 강조되어서는 안 된다. 실제 제품의 모습이 무엇인지 제대로 전달할 수 없게 될 뿐 아니라, 상세페이지의 길이만 불필요하게 길어져 소비자의 이탈 원인이 될 수 있다. 사진을 선택할 때는 제품의 분위기와 상세페이지 전체의 톤앤매너와 맞춰 선택하는 것도 중요하다. 단순히 내 눈에 마음에 드는 사진을 무작정 다운로드 받아 삽입하거나, 내 제품과 전혀 어울리지 않는 색감의 사진을 무분별하게 넣게 되면 오히려 산만해 보이기 쉽다. 누가 봐도 '남이 찍은' 사진으로만 상세페이지를 만들면, 제품에 대한 진정성과 신뢰도가 전달되지 않는다. 스톡 사진은 연출이 꼭 필요한 구간에만 선택적으로 활용하는 것을 추천한다.

이렇게 사진을 모두 구비했다면, 다음은 디자인이라는 관문이 기다리고 있다. 많은 사람들이 포토샵 실력이 없고, 디자인적 감각이 없어서 '상세페이지 제작이 어렵다'는 막연한 두려움을 가지고 있는데, 사실 디자인 실력은 상세페이지 성공의 필수 조건이 아니다. 물론 멋진 디자인이 제품 판매에 영향이 없다고는 말할 수 없다. 하지만 분명한 건, 디자이너 없어도 팔리는 상세페이지를 얼마든지 만들 수 있다는 것이다. 방법은 간단하다. 모든 내용을 다 포토샵이나 일러스트로 만들어야 된다는 편견을 내려놓기만 하면 된다.

먼저, 포토샵을 대체할 수 있는 디자인 툴을 사용해 상세페이지를 만들 수 있다. 미리캔버스와 캔바canva는 프로그램을 다운로드받지 않고 인터넷 브라우저를 통해 사용할 수 있는 대표적인 웹 기반 디자인 툴이다. 저작권 걱정 없이 상업적으로 사용할 수 있는 무료 템플릿을 제공하기 때문에, 디자인 툴을 다뤄본 경험이 없는 비전문가도 10여 분 정도만 투자해 완성도 높은 콘텐츠를 만들 수 있다는 장점이 있다. 피그마Figma도 최근 몇 년 사이에 현업에서 굉장히 활발하게 사용되고 있는 디자인 협업 툴이다. 부분적으로 유료 프로그램이지만, 개인이나 소규모 브랜드에서 디자인 용도로 사용한다면 무료 버전도 충분하다. 이러한 웹 기반 디자인 툴은 클라우드 형식으로 파일이 보관되어, 작업하던 컴퓨터나 장소, 기기가 바뀌어도 같은 계정에 로그인하면 작업을 언제든 이어갈 수 있다는 장점이 있다. USB 메모리나 외장 하드를 사용하지 않아도 편하게 작업이 가능하다.

프레젠테이션 파일을 만드는 MS 파워포인트나 구글 프레젠테이션에 능숙하다면, 프레젠테이션 툴을 활용해 간단한 디자인 작업을 해볼 수 있다. 상세페이지 전체를 통으로 다 작업하기보다는, 도형과 배경색, 폰트 디자인을 활용해 상세페이지 본문에 들어갈 헤드 카피나 소제목처럼 포인트를 주고 싶은 부분을 디자인할 때 유용하다. 도형 툴에 익숙해지면 작용 원리를 도식화하는 간단한 일러스트 작업도 가능하다. 완성된 디자인은 그림 파일로 저장하여 상세페이지 속 콘텐츠로 삽입할 수 있다.

쇼핑몰 상세페이지 편집기에서 지원하는 기본 텍스트만 잘 이용해도 깔끔하고 보기 좋은 상세페이지를 쉽게 만들 수 있다. 블로그 포스팅 정도의 작성 경험만 있다면 충분하다. 기획안에 작성한 내용에 따라 중요한 카피는 크기가 큰 폰트 서식을 적용해 강조해 주고, '글 - 사진 - 글 - 사진' 순으로 블로그를 작성하듯 내용을 채우면 된다. 소위 말하는 '있어 보이는' 디자인이 아니라 걱정이 된다면, 발견형 소비의 메카인 크라우드펀딩 사이트들을 둘러보자. 생각보다 많은 브랜드들이 대단한 포토샵 디자인 없이도 천만 원대, 억대 매출을 내고 있는 것을 볼 수 있을 것이다. 펀딩이 아니어도 스몰 브랜드들이 많이 모여 있는 판매 플랫폼에서도 기본 폰트와 사진만으로 승부를 보고 있는 판매자들이 많다. 타깃을 정확히 겨냥하는 콘텐츠만 잘 준비되어 있다면, 그래서 발견형 소비자의 마음을 움직일 수만 있다면 얼마든지 성공적인 초기 매출을 낼 수 있다.

전문가의 촬영과 디자인이 콘텐츠 제작에 도움이 되는 것은 사실이지만, 상세페이지의 모든 부분을 전문가에게 맡길 수 없다고 절망할 필요는 없다. 상세페이지 준비에는 다양한 방법이 존재하기 때문

너, 내 소비자가 돼라

이다. 나의 상황에 따라 최소한의 비용으로 최대의 결과물을 만들어 낼 수 있다면, 부담스러운 비용 지출 없이도 얼마든지 잘 팔리는 콘텐츠를 만들 수 있다. 이번 챕터를 통해 상세페이지 사진 준비는 어렵다는 막연한 두려움이 조금은 깨졌기를 바란다.

Epilogue

　우리는 누구든 브랜드의 성공을 꿈꿀 수 있는 멋진 시대에 살고 있다. 우연히 올린 영상 하나에 1억 뷰가 찍혀 하룻밤 만에 글로벌 스타가 되고, 국내 기업이 해외에서 대박을 터트려 몇 개월째 품절 대란이 생기는 기적 같은 일들이 매년 일어난다. 작고 힘없는 통통 배들도 자본으로 무장한 원양어선을 제치고 나아가는 모습을 보며 꿈을 꿀 수 있는 그런 시대이다.

　하지만 동시에, 발견을 향한 경쟁도 치열해졌다. 우리의 하루는 그대로 24시간인데, 봐야 하는 콘텐츠의 개수는 과거에 비해 너무 많아진 것이다. 매일 수만 수억 개의 콘텐츠가 생성되는, 그야말로 콘텐츠의 폭풍 한가운데에 우리가 있다. 나와 관련 없는 콘텐츠로 시간 낭비하고 싶지 않아 하는 소비자의 눈을 사로잡는 방법을 알지 못한다면 빠르게 묻히고 빠르게 뒤처질 것이다.

　몰아치는 콘텐츠 폭풍 속, 내 제품을 알리고 항해에 성공하려면 나에게 필요한 전략을 체득해 최대치의 효과를 만들어내야만 한다. 그리고 우리는 그 전략의 해답을 '발견'에서 찾았다. 발견의 원리는 단순하다. 나를 발견해 줄 대상을 정하고, 그 대상을 깊게 이해해서, 그 사람이 흥미를 가질 나만의 이야기로 콘텐츠를 채우는 것. 이를 내 제품에 맞게 활용할 줄만 안다면 위태롭고 열악한 통통배 안에서도 얼마든지 의미 있는 성과를 만들어낼 수 있다. 내 제품의 강점과 타깃을 깊이 이해하지 못한 채 그저 유행하는 콘텐츠를 따라하며 우연히 발견되기만을 기대한다면, 콘텐츠의 폭풍에 빠르게 휩쓸려 깊은 바다로 가라앉고 말 것이다.

　레드오션에서 방황하는 통통배를 위한 항해 전략은 여기까지이다. 이 책에 담긴 노하우가 성공을 위한 유일한 정답은 아닐 것이다. 정확히 어디로 어떻게 가야 하는지 보여주는 GPS 지도도 아닐 것이다. 짧지도, 그렇다고 아주 길지도 않은 7년 차 경력의 필자 역시 아직 배워가는 중이니까.

　게다가 콘텐츠와 소비의 트렌드는 시간에 따라 변화한다. 이 책에서 소개한 콘텐츠와 노하우도 사람들의 취향이나 트렌드, 기술에 따라 언젠가는 바뀔 것이다. 모바일 데이터 속도가 지금처럼 빠르지 않았던 몇 년 전까지만 해도 GIF 콘텐츠가 지금처럼 흔히 사용되지 않았고, 과거에는 없던 AI 기술을 활용해 옷을 입어보거나 헤어스타일을 미리 경험해 보는 서비스도 이제는 하나둘 생겨나고 있다. 멀지 않은 미래에는 GIF 대신 3D 이미지가 대세가 되어 의류의 착용 모습을 보여주는 일반인 착용컷이나 모델 사진이 아예 필요하지 않게 될 수도 있는 것이다.

단순히 취미로 배를 만든다면 모험을 강요하고 싶지 않다. 그 이상의 목표나 바람이 없다면 그 자리에서 바다를 바라보는 것만으로도 만족할 수 있을 테니까. 하지만 만약 배를 타고 멋진 항해를 하는 모험가의 꿈을 꾸고 있다면, '왜 내 제품을 몰라주지'라는 고민으로 외로운 싸움을 하고 있다면 이 책이 나침반이 되어줄 수 있을 것이다.

이 책은 망망대해 바다가 두려웠던 과거의 나에게 선물하는 마음으로 썼다. 불확실함 속에서 홀로 고민하며 보냈던 막막한 날들이, 포기하는 심정으로 시도해 본 모든 것들이 절대 헛되지 않았으니 더 자신 있게 모험을 즐기라고 말해주려 한다. 전국, 아니 전 세계에서 모험의 여정을 시작하는 모든 스몰 브랜드를 응원하는 마음을 담아 책을 마친다.

너, 내 소비자가 돼라

초판 1쇄 발행 2024년 3월 31일
초판 2쇄 발행 2024년 7월 25일

지은이 | 이은아
발행인 | 홍경숙
발행처 | 위너스북

경영총괄 | 안경찬
기획편집 | 박혜민, 이다현
마케팅 | 박미애

출판등록 | 2008년 5월 2일 제2008-000221호
주소 | 서울 마포구 토정로 222, 201호(한국출판콘텐츠센터)
주문전화 | 02-325-8901
팩스 | 02-325-8902

디자인 | 유어텍스트
지업사 | 한서지업
인쇄 | 영신문화사

ISBN 979-11-89352-80-6 (03320)